I0168257

UN MOIS
EN AFRIQUE

Imprimerie de Gustave GRATIOT, 11, rue de la Monnaie.

UN MOIS

EN AFRIQUE

PAR

PIERRE-NAPOLÉON BONAPARTE

> Je ne m'abaisse pas à une justification, je raconte ; la vérité est l'unique abri contre le *venticello* de Basile.

PARIS

PAGNERRE, ÉDITEUR

RUE DE SEINE, 14 BIS.

1850

AUX CITOYENS

DE LA CORSE ET DE L'ARDÈCHE.

UN MOIS EN AFRIQUE.

La France, la République, les Armes, voilà les aspirations de toute ma vie de proscrit. Mes idées, mes études, mes exercices avaient suivi, dès longtemps, cette direction. En vain, depuis dix ans, je m'étais réitérativement adressé au roi Louis-Philippe, à ses ministres, aux vieux compagnons de l'empereur; même une place à la gamelle, même un sac et un mousquet en Afrique, m'avaient été refusés. Vainement, ne pouvant pas servir mon pays, je frappai à toutes les portes, pour acquérir, au moins, quelque expérience militaire, en attendant l'avenir. Ni la Belgique, ni la Suisse, ni Espartero, ni Méhémet-Ali, ni le Czar, de qui j'avais sollicité la faveur de faire une campagne au Caucase, ne purent ou ne voulurent pas accueillir mes souhaits. A l'âge de dix-sept ans, il est vrai, j'avais suivi en Colombie le général Santander, président de la République de la Nouvelle-Grenade, et j'en avais obtenu la nomination de chef d'escadron, qui m'a valu depuis le grade *au titre étranger* que notre Gouvernement provisoire m'avait conféré.

Ce fut peu de jours après Février que, nommé chef de bataillon au premier régiment de la légion étrangère, je vis, bien que d'une façon incomplète, exaucer mes vœux. J'étais en France, la République était proclamée, et je pouvais la servir par les armes. Sans doute, la nature exceptionnelle de mon état militaire, et la non-abrogation de l'article VI de la loi du 10 avril 1832, relative au bannissement de ma famille, apportaient des restrictions pénibles à mon joyeux enthousiasme; mais l'un de ces faits expliquait l'autre. Sans rapporter implicitement cette loi, le gouvernement de la République ne pouvait m'admettre dans un régiment français. Faire cesser décidément notre exil, cela n'entrait pas encore dans ses vues; je ne discuterai pas le mérite politique de son appréciation, mais je dois loyalement reconnaître que tout esprit de haine ou d'antipathie était bien loin de la pensée de ses honorables membres à cet égard. Le jour où Louis Blanc m'annonça ma nomination[1] fut un des plus beaux jours de ma vie; j'allai le remercier avec effusion, ainsi que ses collègues, et quels qu'ils soient maintenant, membres de l'Assemblée Nationale, simples citoyens, proscrits, hélas! ou captifs, ils ont en moi un cœur ami et reconnaissant.

Bien avant la révolution, j'avais eu l'honneur de connaître particulièrement Marrast, Crémieux, et Lamartine, dont la famille est alliée de celle de ma mère. Pouvais-je douter de l'amitié de Crémieux, dont la voix éloquente et généreuse s'était élevée si souvent en faveur des proscrits de mon nom? Flocon et Arago m'avaient accueilli avec une bienveillance toute fraternelle. Ledru-Rollin m'a exprimé cordialement, en termes flatteurs, le regret de n'avoir pu me faire entrer au

[1] Voyez sa lettre aux Pièces justificatives.

service d'une manière plus complète. Et si des considérations étrangères à ma personne ne les avaient arrêtés, il est certain que le Gouvernement provisoire ou la Commission exécutive n'eût pas tardé à naturaliser mon grade.

Je sais que des adversaires de ma famille, ou personnels, ont parlé de la loi du 14 avril 1832, dont la prescription principale est qu'on ne peut obtenir d'emploi dans l'armée, si on n'a satisfait à la loi de recrutement, ou si on ne sort pas d'une école militaire. Mais, de bonne foi, cette thèse était-elle soutenable à mon sujet? Comment aurais-je pu remplir les conditions de la loi, si j'étais dans l'exil? Sans doute, et à part la période d'omnipotence dictatoriale, où le Gouvernement provisoire concentrait dans ses mains tous les pouvoirs, un décret de l'Assemblée eût été rigoureusement nécessaire. Mais si, dans un moment opportun, le gouvernement, quel qu'il fût, l'avait proposé, peut-on supposer que les représentants du grand peuple qui, en rappelant les proscrits, a placé l'un d'eux à sa tête, ne l'eussent pas rendu? Supposons que la Légion étrangère n'existât pas, la conséquence de la stricte application des lois qui régissent l'armée aurait été de m'interdire absolument le service militaire, fût-ce comme simple soldat. En effet, pas plus comme simple soldat que comme chef de bataillon, je n'eusse pu être admis, car l'article Ier de l'ordonnance du 28 avril 1832, explicative de la loi du 21 mars, porte qu'on n'est pas reçu à contracter un engagement, si on est âgé de plus de trente ans. Or, en Février 1848, j'en avais trente-deux. Si je puis m'exprimer ainsi, c'est, après un long exil, qu'on me permette de le dire, une nouvelle proscription *dans l'état;* car comment appeler autrement une disposition qui vous défend sans retour, dans votre patrie, la carrière à laquelle vous vous étiez exclusivement voué, ou qui ne vous permet de la suivre que dans des conditions anormales et intolérables[1] ?

Qu'on ne m'accuse pas de présomption, parce que j'ai supposé qu'une auguste assemblée aurait pu être appelée à se prononcer sur un intérêt individuel et aussi secondaire. Non, car non-seulement il est de l'essence des institutions démocratiques que les grands pouvoirs de l'État ne dédaignent pas les réclamations des plus humbles citoyens, mais les précédents parlementaires n'auraient pas manqué dans l'espèce.

Sous la monarchie de Juillet, les fils de l'immortel maréchal Ney passèrent ainsi, avec leurs grades, des rangs étrangers dans ceux dont leur père avait été un des plus glorieux luminaires. Les services des parents sont entrés plus d'une fois en ligne de compte, et pour ne citer qu'une circonstance récente, n'avons-nous pas, à la Constituante de 1848, voté par acclamation, et comme récompense nationale, la nomination, en dehors des règles ordinaires, du jeune fils de l'illustre général Négrier, qu'un plomb fratricide enleva si cruellement aux travaux législatifs et à l'armée ?

Quoi qu'il en soit, nommé, au titre étranger, par le Gouvernement provisoire, je me préparais à rejoindre mon ré-

[1] Voyez, pour le mode d'admission aux emplois des officiers au titre étranger, et pour les conditions de leur état militaire, le chapitre VI du titre IX de l'ordonnance du 16 mars 1838, et, aux pièces justificatives, le discours que j'ai prononcé à la séance de l'Assemblée législative, le 22 décembre 1849.

giment, lorsque un grand nombre de Corses résidant à Paris m'offrirent la candidature de notre département à l'Assemblée Nationale. La vivacité des sympathies de nos braves insulaires pour ma famille, leur culte enthousiaste pour la mémoire de l'empereur, rendaient probable ma nomination. Devant l'espoir fondé d'être au nombre des élus du Peuple, appelés à constituer définitivement la République, on comprendra que le service d'Afrique, en temps de paix, et surtout dans un corps étranger, dut me paraître une condition secondaire. M. le lieutenant-colonel Charras, alors sous-secrétaire d'État au ministère de la guerre, voulut bien m'autoriser à suspendre mon départ jusqu'à nouvel ordre. En effet, le 4 mai 1848, j'eus l'insigne honneur d'inaugurer avec mes collègues, en présence de la population parisienne, l'ère parlementaire de notre jeune République, et d'apporter à cette forme de gouvernement, qui avait été le rêve de toute ma vie, la première sanction du suffrage universel.

Le coupable attentat du 15 mai, les funèbres journées de juin, vinrent nous attrister dès les premiers travaux d'une assemblée, qui fut, quoi qu'on ait pu en dire, une des plus dignes, et qu'on me passe le mot, une des plus honnêtes qui aient jamais honoré le régime représentatif. Le 23 juin, pendant la séance, Lamartine quitta l'Assemblée, pour faire enlever une redoutable barricade qu'on avait établie au-delà du canal Saint-Martin, dans la rue du Faubourg-du-Temple. Il me permit de le suivre, et comme je n'aurais pas eu le temps d'aller chercher mon cheval, ou de le faire venir, il m'offrit un des deux qui l'attendaient à la porte du palais législatif. En compagnie du ministre des finances, et de notre collègue

Trevenenc, des Côtes-du-Nord, nous longeâmes les boulevards, où quelques rares piquets de gardes nationaux étaient sous les armes. Au-delà de la porte Saint-Martin, nous fûmes entourés d'une foule de citoyens appartenant à la classe ouvrière, et dont la plupart, j'en ai la conviction, étaient le lendemain derrière les barricades. L'accueil qu'ils nous firent, les poignées de main cordiales qu'ils nous donnèrent, leurs propos vifs et patriotiques, m'ont douloureusement prouvé une fois de plus que les meilleurs instincts peuvent être égarés, et que la guerre civile est le plus horrible des fléaux.

Les projectiles des insurgés arrivaient jusque sur le boulevard. Lamartine tourna résolument à gauche, et nous le suivîmes dans la rue du Faubourg-du-Temple, sous le feu de la barricade et des maisons occupées par nos adversaires. Arrivés sur les quais, nous vîmes un détachement de gardes mobiles et quelques compagnies d'infanterie repoussés avec perte jusqu'à la rue Bichat. Ce fut là, près du pont, que le cheval que je montais fut atteint d'une balle, à quelques pas de Lamartine, circonstance qui parut fixer favorablement l'attention de ce grand et courageux citoyen. Et certes, si le soir même il n'avait résigné ses pouvoirs, j'ai tout lieu de croire qu'il n'en aurait pas fallu davantage pour le porter à provoquer une décision touchant mon assimilation aux officiers qui servent *au titre français*.

Lamartine est un grand caractère; je n'en veux pour preuve que les belles paroles que j'ai recueillies de sa bouche, le jour où nous nommâmes la Commission exécutive. « Si je voulais me séparer de Ledru-Rollin, nous dit-il, j'aurais deux cent mille hommes derrière moi; *mais je crains la réaction et la guerre civile.* » Quoi qu'il en soit, n'est-il pas profondément triste, après tant de vicissitudes, que ce que j'eusse obtenu de Lamartine, ou peut-être même du général Cavaignac, m'ait été dénié, malgré bien des promesses antérieures, par mon propre cousin, sous prétexte d'une opposition sincère et modérée, que je n'aurais pu cesser sans abjurer ma religion politique, et abdiquer toute dignité et toute indépendance?

Mais procédons par ordre.

A la Commission exécutive succéda le général Cavaignac. Le décret du 11 octobre 1848 abrogea formellement, en ce qui touchait ma famille, la loi du 10 avril 1832, qui, confondant les proscripteurs et les proscrits, avait banni la branche aînée des Bourbons, et maintenu, moins la sanction pénale, l'exil dont ils nous avaient frappés, par la loi du 12 janvier 1816. La candidature de Louis-Napoléon fut produite, et une immense acclamation répondit qu'il était resté dans le cœur du peuple le souvenir de l'homme qui avait porté à son plus haut degré le sentiment de notre nationalité. Le dix décembre, comme je le dis alors, est la dernière page de l'histoire de l'empereur, et pour l'écrire, près de six millions de Français ont déchiré les traités de 1815, et proclamé que la sainte-alliance nous doit une revanche de Waterloo.

Malgré les efforts des républicains et de quelques hommes bien intentionnés qui tentèrent d'arriver à la seule conciliation véritablement utile et durable, celle des deux grands pouvoirs de la République, la Constituante, battue en brèche par le nouveau gouvernement, vit adopter la motion Rateau, modifiée, il est vrai, par Lanjuinais, et fixer à un court délai sa dissolution. Durant cette session d'une année, j'ose le dire, un grand nombre de mes collègues d'opinions diverses m'avaient accordé quelque sympathie, et si jamais j'ai pu espérer avec raison la régularisation de mon état militaire, c'est bien dès l'avénement de Louis-Napoléon à la présidence jusqu'à l'installation de la Législative. A part les dispositions bienveillantes dont je viens de parler, l'amitié de mon cousin, nos relations qui dataient de loin, les promesses qu'il m'avait faites, tout m'autorisait à penser que l'opportunité ne serait pas perdue. Je dois aussi ajouter la confiance que j'avais lieu de placer, à cet égard, dans le chef du cabinet, M. Odilon Barrot, qui plus d'une fois avait blâmé les administrations précédentes de ne m'avoir pas fait admettre dans un régiment français. Bref, un mécontentement injuste de mes votes consciencieux, et conséquents avec la voie que j'avais suivie avant même que Louis-Napoléon fût représentant du peuple, des influences exclusives et que je ne signalerai pas davantage[1]; enfin, des menées qui se résument dans le vieil adage : *divide et impera*, m'enlevèrent le modeste succès que j'ambitionnais comme ma part, pour ainsi dire, dans le grand triomphe du dix décembre.

L'indifférence du ministère, qui, dans ce cas, était de l'hostilité, l'intention de me sacrifier par le silence, étaient flagran-

[1] Il m'est permis de croire que le président de la République, laissé à lui-même, m'aurait appuyé. Peu de jours avant son élection, je causais avec lui, lorsqu'il m'exprima l'intention de me donner le commandement d'un corps. Je lui fis sentir les difficultés qu'il rencontrerait chez des hommes toujours prêts à crier au privilége, et dans les susceptibilités de quelques-uns des honorables officiers qui siégeaient à l'Assemblée. Il me répondit : « Si le peuple me nomme, il approuvera ce que je ferai pour ma famille qui a tant souffert. »

tes. Au fond, je désespérais de réussir; deux fois déjà j'avais donné ma démission; elle avait été refusée avec insistance par le président et par le ministre de la guerre. Je résolus de tenter un dernier effort. Il y avait trop longtemps que je poursuivais mon but, il était trop près, j'y tenais trop, pour me décourager complétement. Quoique à regret, j'étais décidé à me retirer de la carrière, plutôt que de servir au titre étranger. Je désirais surtout vivement obtenir la naturalisation de mon grade de la Constituante. Au moment de nous séparer, j'aurais été heureux que l'accès de nos rangs me fût ouvert par les collègues qui avaient brisé la loi de mon exil. Il me semblait qu'une décision favorable eût été comme une accolade fraternelle, et qu'aucun effort ne m'aurait coûté pour la justifier.

Sous l'empire de ces pensées, je résolus de présenter une pétition à l'Assemblée. Elle fut déposée le 17 mars 1849. M. Armand Marrast, notre président, voulut bien la renvoyer immédiatement au comité de la guerre. Elle y fut examinée; le ministre de la guerre s'abstint d'y paraître; deux membres, amis de mon cousin, ne vinrent pas, et cependant j'obtins quatorze voix sur vingt-huit. Que ceux de mes honorables collègues qui se prononcèrent en ma faveur me permettent de leur exprimer ma profonde reconnaissance. J'en dois surtout au brave et vénérable général Laidet, à MM. Avond et de Barbançois, qui voulurent bien plaider ma cause avec une véritable et chaleureuse fraternité. Quant à ceux qui crurent devoir repousser ma requête, s'il en est parmi eux pour qui mon nom ait été un motif de défiance, qu'ils me permettent, aujourd'hui que mon épée a été brisée, de leur dire avec désintéressement qu'ils se sont trompés ; dans aucun cas, la République n'aurait eu un soldat plus fidèle, comme elle l'aura encore, si elle était attaquée, bien que ce ne puisse plus être dans les rangs de l'armée.

M. le général Leflô avait été nommé rapporteur de ma pétition, mais nos nombreux travaux et les graves préoccupations du moment empêchèrent de la porter à l'ordre du jour. La Constituante fit place à la Législative, et ma position militaire resta la même. Ce moment, il faut en convenir, a été décisif dans ma vie, car si j'étais entré dans un régiment français, au lieu de me présenter aux nouvelles élections, j'aurais suivi mes penchants et je me serais exclusivement consacré à la carrière des armes. Quoi qu'il en soit, nommé dans l'Ardèche et en Corse, je revins siéger à l'Assemblée actuelle.

Ma position n'y était pas facile, ni agréable. D'un côté, je voyais une majorité composée de divers éléments, tous d'origine monarchiste, opposés par conséquent à mon principe, mais soutenant, quoiqu'en l'égarant, suivant moi, le pouvoir exécutif. De l'autre, une minorité, formée aussi de nuances diverses, moins hétérogènes, il est vrai ; minorité républicaine, révolutionnaire, réformatrice, humanitaire, demandant de grandes entreprises, mais ayant des chefs qui considéraient Louis-Napoléon comme un antagoniste, et qui eussent été contre lui, c'est mon opinion, quoi qu'il eût fait. Sans doute, je me sentais instinctivement entraîné vers la Montagne ; mais, à part ses antipathies individuelles, je pensais sincèrement qu'elle dépassait le but, et qu'elle compromettait la République, notamment en se rapprochant des hommes qui approuvaient le 15 mai et les journées de juin. Restait le tiers-parti, et je dois l'avouer franchement ici : si la Montagne avait parfois les entraînements de mon cœur, les élans de ma raison me rapprochaient du tiers-parti. Mais qu'est-il, où est-il, que peut-il? sinon attendre, pour sauvegarder le principe démocratique, en apportant, suivant les circonstances, son faible contingent contre la réaction ou les excès. Du reste, les mêmes antipathies que j'ai signalées, moins violentes, mais non moins intenses, existaient, qui peut en douter? dans son sein.

Ces considérations, que je ne dois qu'effleurer (et c'est peut-être trop de hardiesse), m'inspiraient tous les jours davantage le regret de n'avoir pu lever l'obstacle qui m'avait fait préférer mon mandat au service actif. En vérité, la direction donnée à nos armes en Italie me prouvait que le nouveau gouvernement pouvait ordonner des opérations militaires auxquelles, à aucun prix, je n'eusse voulu prendre part. Mais on parlait aussi d'expéditions prochaines en Afrique, cette terre où se sont formés tant de bons officiers. Le président, mes autres parents, des amis plus ou moins clairvoyants m'engageaient fortement à faire à mon corps *un acte de présence* qui facilitât, disaient-ils, la régularisation de ma position. On peut penser de moi ce que l'on voudra ; mais tous ceux qui connaissent un peu mes inclinations, mes habitudes et mes antécédents, croiront sans peine qu'il n'aurait pas fallu me prier longtemps pour me décider à faire une campagne, sans mon inconvenante condition d'officier au titre étranger. Blessé que le gouvernement d'un homme, à qui notre nom avait valu la première magistrature de la République, me marchandât tant mon épaulette, je déclinai toute proposition, et la prorogation de la Législative étant arrivée, je retournai dans les montagnes des

Ardennes belges, où j'avais fait un long et tranquille séjour avant la révolution. Ce qui me navrait surtout, c'était de voir des gens qui avaient eu leur place au soleil de la monarchie, tandis que nous traînions dans l'exil une vie agitée ou misérable ; ce qui me navrait, dis-je, c'était de voir ces courtisans obtenir les plus hautes faveurs, les emplois les plus lucratifs, tandis qu'on me refusait, à moi, de servir modestement le pays suivant mon aptitude, chose que j'ai toujours crue franchement aussi naturelle que juste et méritée.

Mon séjour dans mon ancienne retraite ne fut pas long ; de nouvelles et plus vives instances vinrent m'y relancer, et j'eus le tort de céder et de revenir presque aussitôt à Paris. Elles y furent encore renouvelées, et un jour même, à Saint-Cloud, on me témoigna tant de mécontentement de mon hésitation que je dus croire vraiment qu'on n'attendait que cet *acte de présence* à mon corps pour réaliser le mirage de la miraculeuse épaulette que je poursuivais depuis si longtemps. J'avais protesté à satiété que je ne monterais pas une garde tant que je ne compterais dans l'armée qu'au titre étranger ; j'aurais dû, pour tous ces motifs, maintenir ma résolution ; mais ce qui enfin l'ébranla, ce fut la perspective de la campagne qui se préparait dans le sud de la province de Constantine. Il fut décidé que je serais envoyé en mission temporaire auprès du gouverneur général de l'Algérie, et que d'Alger j'irais rejoindre la colonne expéditionnaire aux ordres du général Herbillon. Toujours mécontent de ma position exceptionnelle, j'avais, quoi qu'on ait pu en dire, bien et dûment stipulé avec tout le monde, président, ministres, intermédiaires officiels ou officieux, que j'allais en Afrique pour n'y rester que le temps que je voudrais, pour en revenir quand je le jugerais convenable, et pour n'y faire, au besoin, que l'*acte de présence* qu'on paraissait croire indispensable à la régularisation de mon état militaire. J'étais loin de croire qu'on contesterait un jour ces conventions, sans lesquelles je me serais gardé d'accepter ma mission ; mais si des preuves matérielles étaient nécessaires, je pourrais produire des lettres que j'écrivis de Lyon, de Marseille et de Toulon, à plusieurs de mes amis, avant de m'embarquer, lettres dans lesquelles je leur parlais de mon retour à l'Assemblée pour le 15 novembre, au plus tard.

Le 1er octobre, jour de la reprise des travaux législatifs, j'assistai à la séance, j'obtins un congé, et le lendemain, de bonne heure, je quittai Paris par le rail-way de Tonnerre. Le 3, au soir, j'étais à Lyon, le 4 à Avignon, le 5 à Marseille. Je partis presque immédiatement pour Toulon, où j'arrivai pendant la nuit. Cette jolie ville était dans la consternation, le choléra décimait les habitants, les hôtels avaient été abandonnés par leurs propriétaires ; à la *Croix de Malte*, je fus reçu par le seul domestique qui restât dans la maison. Je passai la journée du 6 à Toulon, et le 7, après midi, nous appareillâmes pour Alger, à bord du *Cacique*, frégate à vapeur de l'État.

Nous arrivâmes le 9 au soir. Je me rendis immédiatement chez le gouverneur général, à qui je remis une lettre du président de la République. Je reçus de M. le général Charon le plus gracieux accueil ; il voulut bien me retenir à dîner pour le soir même, et le jour suivant. Le lendemain, avec le capitaine Dubost, aide-de-camp du gouverneur, je visitai le magnifique jardin d'essai, où, entre autres merveilles, on voit de grands massifs d'orangers; et la jolie campagne du brave général Jusuf qui, malgré ses glorieux services, n'a pu obtenir son assimilation à nos autres généraux.

Le soir, j'assistai à une danse de ravissantes Moresques comme on n'en voit qu'à Alger, et à une cérémonie religieuse très originale des nègres de la ville, qui sont de vrais convulsionnaires. Je pris congé du gouverneur, et le lendemain, au matin, je partis pour Philippeville, à bord d'un petit pyroscaphe côtier, affecté au service des dépêches. Nous côtoyâmes assez près de terre les montagnes encore verdoyantes de la Kabylie; nous relâchâmes à Dellys, Bougie, Djidjeli, et le lendemain, 12 octobre, nous étions à Stora. C'est une belle baie, où l'on trouve un port sûr et spacieux, à une demi-heure de marche de Philippeville. Notre pyroscaphe fut aussitôt entouré de plusieurs bateaux montés par de nombreux marins. A leur costume, à leurs acclamations sympathiques, aux coups de fusil et de pistolet dont ils me saluaient, je reconnus de suite nos intrépides et habiles caboteurs d'Ajaccio qui, sur de frêles embarcations non pontées, se hasardent à aborder aux côtes d'Afrique, pour y mener la vie laborieuse qui leur permet de rapporter quelques économies à leurs familles. J'allai à terre avec ces rudes et chers enfants du peuple, et je me mis en route pour Philippeville, en compagnie du capitaine Gautier, commandant la gendarmerie de la province. Le chemin, taillé dans la montagne, suit les bords de la mer; la vigoureuse végétation du sol d'alentour, couvert d'épais arbustes, me frappa par son extrême ressemblance avec la Corse. A peu près à moitié route, on trouve une magnifique batterie parfaitement entretenue.

A Philippeville, où je passai la journée du 12, je me présentai chez le commandant supérieur, M. Cartier, major du deuxième régiment de la Légion étrangère, et je fis la connaissance du commandant Vaillant, frère de nos deux généraux de ce nom, et savant naturaliste. Une distance de vingt-deux lieues que parcourt une excellente route, exploitée quotidiennement, comme en Europe, par un service de messageries, sépare Philippeville de Constantine. Toutes les places ayant été retenues, je louai une voiture et je partis le lendemain de grand matin, avec l'excellent capitaine Gautier qui avait voulu m'accompagner. Nous traversâmes les nouveaux villages de Saint-Antoine et Gastonville, ce dernier peuplé de pauvres prolétaires parisiens qui sont venus chercher un meilleur sort dans la colonisation, tâche difficile pour laquelle, malgré leur courage, ils n'ont ni la force, ni l'aptitude nécessaires. Au camp d'El-Arrouch, je fus retenu à déjeuner, de la manière la plus aimable, par MM. les officiers du 38°. Ils étaient tristes de voir la garnison décimée par le choléra qui sévissait contre elle, plus cruellement qu'à Philippeville et que sur aucun autre point de la division territoriale. Après avoir relayé au camp de Smendou, nous arrivâmes fort tard à Constantine.

En l'absence du général Herbillon, parti à la tête de la colonne expéditionnaire, M. le général de Salles, gendre de l'illustre maréchal Valée, me reçut le soir même, avec cette parfaite et cordiale urbanité qui le fait aimer de tous ceux qui l'approchent. Le lendemain, 14, grâce à l'obligeant empressement de M. le capitaine de Neveu, chef du bureau arabe, tous mes préparatifs de campagne, tentes, cantines, etc., étaient terminés. Je fus vivement contrarié, et on le concevra sans peine dans une telle circonstance, de n'avoir pu, malgré mes recherches, réussir à me monter convenablement. Ce que je trouvai de moins mauvais, ce fut un petit cheval indigène, vif, mal dressé, peu maniable et peu vigoureux, dont je dus pourtant me contenter.

Le 15 octobre, au point du jour, je quittai Constantine, pour rejoindre la colonne. Mon escorte se composait du maréchal-des-logis Bussy et de quatre cavaliers du troisième régiment de spahis, deux chasseurs d'Afrique, Rouxel et Valette, un soldat du train des équipages, et Gérard, mon fidèle domestique ardennais.

Avant d'aller plus loin, il n'est peut-être pas inutile de donner ici un rapide aperçu des causes qui avaient amené l'expédition à laquelle j'allais prendre part, et des faits qui avaient précédé mon arrivée.

Dans l'origine, la politique du gouvernement était de maintenir un calme, au moins apparent, dans la province, en pesant le moins possible sur les indigènes. Ce système, qui avait d'abord réussi, permettait d'occuper avec le gros de nos forces les autres points du pays plus agités. L'établissement de colonies agricoles sur la route de Constantine à Philippeville vint tout à coup changer cet état de choses. De tout temps, les communications entre ces deux villes avaient été inquiétées par les kabyles; mais quelques attentats sur des hommes isolés, et un surcroît d'activité pour notre cavalerie étaient considérés comme des inconvénients de peu d'importance par l'autorité, qui avait à dessein fermé les yeux, afin d'éviter de plus graves complications.

Lorsque nous eûmes nos colons à protéger, on voulut en finir avec la Kabylie. Ce n'était point facile, et on paraissait oublier qu'une des choses qui ont fait le plus de mal à l'Algérie, c'est ce penchant à s'étendre continuellement et à occuper un trop grand nombre de points, fût-ce avec des moyens insuffisants. Pour former les deux colonnes qui, au mois de mai de l'année dernière, sous les ordres de MM. Herbillon et de Salles, ont agi vers Bougie et Djidjeli, il avait fallu affaiblir les garnisons du sud, au point qu'on m'a assuré que Batna était resté avec 500 hommes et Biscara avec 250. Les meilleurs officiers furent appelés à faire partie de l'expédition ; le brave et infortuné commandant de Saint-Germain fut du nombre, et en son absence le commandement supérieur de Biscara dut être confié à un capitaine. De ces mesures, dit-on, est sortie la guerre que les dernières opérations de M. le colonel Canrobert, aujourd'hui général, viennent de terminer.

Une des causes principales des derniers troubles a été, sans aucun doute, la trop grande multiplication des bureaux arabes destinés à administrer les indigènes. Il y a inconvénient à intervenir de trop près dans les phases intestines de l'existence des tribus. Dans le Hodna, par exemple, la guerre a toujours existé, même du temps des Turcs. En pleine hostilité aujourd'hui, demain les diverses tribus de ce territoire sont réconciliées par leurs marabouts. Que nous importent ces dissensions, surtout si l'expérience a prouvé qu'elles s'enveniment d'autant plus que nous nous en mêlons davantage? Si, comme on l'annonçait, un nouveau bureau arabe est établi à Bouçada, la neutralité cesse d'être possible ; l'officier français, appelé à se prononcer entre les deux partis, tranche le différend ou le fait décider par ses chefs, et si une soumission complète ne s'ensuit pas, en avant les colonnes ! une expédition devient indispensable.

Gouverner l'Algérie, y exercer le commandement suprême, mais n'administrer que les points qui jamais ne pourront se soustraire à notre domination, telle est, en résumé, la politique que nous aurions dû toujours suivre, si j'en crois mes impressions, et l'opinion des hommes véritablement compétents. De puissants chefs arabes, même nous servant mal quant à la rentrée de l'impôt, mais faisant respecter nos routes et nos voyageurs, n'assureront-ils pas notre empire mieux que certains caïds relevant plus directement de nous, mais qui révoltent à chaque instant les populations par les concussions dont ils les accablent en notre nom ? Il serait d'une haute politique d'entourer de la plus grande considération les chefs à notre service, et de les relever aux yeux de leurs administrés, en leur laissant ce prestige de nationalité indigène qui leur donne l'air de ne céder qu'à notre force invincible, tout en nous aimant quand nous faisons le bien. Surtout, il ne faudrait pas perdre de vue que quelque temps de paix consolide notre pouvoir mieux que l'expédition la plus heureuse, et que si une longue période de tranquillité générale était donnée à la colonie, l'Arabe, qui est fataliste, commencerait à croire à la perpétuité de notre domination, et se soumettrait définitivement en disant : Dieu le veut !

Jetons maintenant un coup d'œil sur l'état de la subdivision de Batna, lors des derniers événements.

En octobre 1848, M. le colonel Carbuccia, d'une des meilleures familles de Bastia, avait succédé, dans le commandement de cette subdivision, à M. le colonel Canrobert. Ce dernier venait de rendre un immense service, en s'emparant, par un coup de main hardi, comme il sait en faire, du dernier bey de Constantine, Ahmed. Cependant, nos ressources étaient bien faibles pour maintenir, dans une si grande étendue de territoire, tant de populations diverses. En effet, la subdivision de Batna comprend ces montagnards de l'Aurès, toujours turbulents, le massif des Ouled-Sultan, les Ouled-Sellem, les Ouled-Bouanoun, le Hodna, le Sahara ou Désert, où se trouve la région des oasis, ou Zab, au pluriel Ziban. Les Aurès venaient de massacrer ou de chasser les caïds nommés par nous; la plupart des autres points du pays n'étaient soumis que de nom; l'échec essuyé par nos armes en 1844 n'avait pas été vengé, et si une révolte ouverte avait éclaté, les plus fâcheuses complications étaient à prévoir. Dès lors, le colonel Carbuccia avait senti les difficultés de cette situation et les avait fait connaître à son chef immédiat, M. le général Herbillon, commandant de la province. En avril et mai 1849, le colonel s'était vu contraint de parcourir le Hodna, à la tête d'une colonne expéditionnaire, pour maintenir notre caïd Si-Mokran, dont les Arabes avaient voulu se débarrasser. Notre autorité en fut momentanément raffermie, une réconciliation apparente eut lieu, et des otages furent, suivant la coutume, amenés à Batna.

Dans le Sahara, par des circonstances favorables et fortuites, ou peut-être à cause même de notre éloignement, les oasis le plus au sud, Tuggurt et Souf, étaient dans les meilleures dispositions à notre égard. Aussi, quand le kalifat d'Abd-el-Kader, Ahmed-bel-Hadj, a voulu, en dernier lieu, traverser ce pays, pour se mettre à la tête de l'insurrection, il a été repoussé avec perte par nos fidèles alliés Ben-Djellal et Ben-Chenouf.

Les habitants du groupe d'oasis qu'on appelle le Zab-Dahri, et dans lequel est situé Zaatcha, ne vivaient, il y a peu de temps encore, que de la culture du palmier, qui suffisait à leur nourriture et aux échanges. Menacés sans cesse par les nomades, qui les pillaient et les rendaient tributaires, leur sort était exceptionnellement malheureux. En 1845, sous le commandement de M. de Saint-Germain, ils commencèrent à jouir d'une administration régulière et uniforme. Grâce aux encouragements de cet officier supérieur, ils produisirent d'abondantes céréales, et l'on peut dire que, quatre ans après, la misère avait complétement disparu de leur territoire. Le but de M. de Saint-Germain, qui voulait gouverner directement le pays, était de soustraire le Sahara à la dépendance du Tell, dont il tire ses grains. Louable en lui-même, sous le rapport de la civilisation, au point de vue politique ce plan ne pouvait produire que de fâcheux résultats chez un peuple qui nous sera encore longtemps et peut-être toujours hostile.

Les Turcs connaissaient les Arabes au moins aussi bien que nous, et certes ils se seraient gardés de rendre le désert indépendant du Tell. La nécessité où sont les tribus sahariennes de venir, tous les ans, s'approvisionner dans la région des céréales, est la meilleure garantie de leur obéissance. Si elles nous mécontentent, leur compte est bientôt réglé, et en cas de rébellion armée, nous pouvons leur fermer complétement le Tell, et les obliger à recourir à des intermédiaires, ce qui décuple pour eux le prix des denrées. Ce n'est d'ailleurs que dans le Tell que ces tribus peuvent rencontrer, pour leurs dromadaires et leurs moutons, des pâturages d'été, saison où le manque absolu d'eau serait mortel aux troupeaux dans le désert. Cette dépendance du Sahara envers la région des céréales est un fait tellement important qu'aucune intrigue ou sédition de la part des nomades ne peut nous préoccuper longtemps, placés qu'ils sont sans cesse sous l'inévitable coup d'une répression pécuniaire, et même plus terrible, au besoin. Quatre passages à travers une chaîne de montagnes qui court parallèlement à la mer, conduisent du désert au Tell; à l'est, celui de Kinchila; à l'ouest, celui de Soubila; ceux de Megaous et de Batna, au centre. Les deux premiers sont en dehors de la direction que suivent les tribus. Batna est fortement occupé par nous; quant à Megaous, notre caïd des Ouled-Sultan y est établi et peut en défendre l'accès à tout venant qui se serait attiré notre colère. Tout cela prouve encore une fois que nous pouvons gouverner de loin les Arabes du Désert et abandonner cette administration directe qui les avait enrichis, mais qui nous a créé des obstacles tellement graves qu'il nous a fallu, pour les surmonter, tout l'héroïsme de nos troupes. Voyons comment ils avaient surgi.

La base de la gestion de M. de Saint-Germain, c'était l'égalité devant l'impôt, et il n'avait voulu tenir aucun compte des priviléges des marabouts, dans un pays pourtant où cette caste est aussi nombreuse qu'influente. Il n'en fallait pas davantage pour nous faire des ennemis irréconciliables de gens qui n'auraient pas mieux demandé que de nous servir, si, comme les Turcs l'avaient fait avant nous, nous eussions ménagé leur suprématie. En 1848, la contribution des palmiers qui n'avait été, dans l'origine, que de 15 à 20 centimes le pied, fut tout à coup portée, sans transition, à 50, soit que ces précieux végétaux rapportassent leurs dattes ou qu'ils n'en eussent pas. Une mesure financière aussi vexatoire était justifiée jusqu'à un certain point par la nécessité où l'on était de fournir aux frais de fortifications de Biscara, frais que le gouvernement central n'avait pas voulu couvrir; et en effet, 120,000 francs, produit du nouvel impôt, furent affectés à la construction de la casbah de cette oasis. Quoi qu'il en soit, un prétexte d'insurrection était trouvé pour les marabouts que nous nous étions maladroitement aliénés. Tous affiliés à la secte religieuse dite des frères de Sidi-Ab--er-Rahmann, qui a de nombreuses ramifications dans les Ziban, ils fomentèrent sourdement la révolte, à laquelle il ne manqua désormais qu'un fait déterminant.

L'administration directe de nos autorités militaires, et le nivellement de l'impôt au préjudice des anciennes prérogatives des marabouts et des familles nobles, voilà donc les causes principales de la dernière guerre. Deux autres motifs, bien que secondaires, méritent d'être mentionnés. D'une part, nos malheureuses discordes civiles avaient porté leur fruit jusqu'au fond de la province de Constantine; de nombreux naturels des oasis, connus sous le nom de Biskris, établis à Alger, où la plupart font le métier d'hommes de peine, ne cessaient de mander aux leurs, depuis la Révolution de Février, que chaque jour nos régiments rentraient en France, que nous allions quitter l'Afrique, que nous nous battions entre nous, et mille choses semblables.

D'autre part, une des conséquences de notre administration directe était d'annihiler complétement l'autorité du scheick El-Arab, qui avait été jusqu'alors un sûr moyen de domination dans le désert. Deux familles s'étaient trouvées, tour à tour, en possession de cette dignité, espèce de grand vasselage, les Ben-Gannah et les Ben-Saïd. Les Turcs, suivant les exigences de leur politique, les avaient alternativement élevées, et il faut le dire, de leur temps le scheick El-Arab était réellement le suzerain du Sahara, percevait les contributions, payait au bey de Constantine la redevance exigée, administrait comme il l'entendait, et garantissait ainsi de tout embarras le gouvernement suprême. En 1837, après la prise de Constantine, les Ben-Saïd, dont le chef a été tué à notre service, étaient en fonctions. En 1844, M. le duc d'Aumale leur substitua les Ben-Gannah qui y sont encore; mais le titulaire actuel, que je connais, et qui est décoré de la Légion d'honneur, a vu son autorité tellement amoindrie que, pour ne citer qu'un exemple, il n'a pu, lors de la dernière campagne et bien qu'il fût dans notre camp, procurer au général Herbillon un seul espion à qui accorder créance. Cependant, la part d'impôt, que ce scheick prélève annuellement à son bénéfice, est de plus de 100,000 francs.

Telle était la situation des choses, lorsque le départ de M. de Saint-Germain et les détachements considérables exigés par l'expédition de Kabylie décidèrent les mécontents à se prononcer. Bou-Zian, ancien scheick de l'oasis de Zaatcha, annonça que le prophète, qu'il prétendit avoir vu en songe, lui avait ordonné de réunir les croyants et de les convier à la guerre sainte. Aussitôt, il sacrifie le cabalistique mouton noir, et invite de nombreux affidés au banquet sacré, où il donne le signal de l'insurrection. M. Séroka, jeune et vaillant officier du bureau arabe de Biscara, se porte à Zaatcha, avec quelques cavaliers, pour arrêter Bou-Zian et ses fils. Déjà ce fanatique était entre ses mains, quand, attaqué à l'improviste, M. Séroka se voit contraint de battre précipitamment en retraite, ramené à coups de fusil par toute la population ameutée. Le lendemain, un détachement beaucoup plus fort est repoussé à son tour, et la révolte gagne des proportions inquiétantes. Bou-Zian en est le chef; c'est un homme de quarante ans, énergique, intelligent, courageux, fameux tireur. Il n'était pas marabout; mais depuis ses prétendus entretiens avec Mahomet, il avait joué le personnage religieux, et il jouissait d'une réputation de sainteté bien établie.

Tout porte à croire que si M. de Saint-Germain avait pu rentrer immédiatement à son poste, et diriger de suite un bataillon sur Zaatcha, il aurait eu beau jeu de cette levée de boucliers. Malheureusement, l'expédition de Kabylie obligea le général Herbillon à le retenir, avec mille hommes placés sous ses ordres, et lorsque, avec ces troupes, il fut de retour à Batna, le 5 juillet, l'insurrection avait fait de grands progrès. Le Sahara tout entier s'agitait à la voix de ses marabouts; les montagnards des Aurès étaient en pleine rébellion; notre caïd des Ouled-Sultan avait trouvé la mort en défendant notre souveraineté ébranlée; enfin, les Ouled-Denadj, révoltés contre leur chef Si-Mokran, avaient enlevé sa *smala* et blessé dangereusement son fils Si-Ahmed. Ce brave et intéressant jeune homme, doué de la figure la plus distinguée, est notre grand partisan, il a visité Paris, parle un peu français, et se trouve heureux, dit-il, d'avoir pu sceller de son sang sa fidélité à notre drapeau. Sur sa poitrine la croix de la Légion d'honneur serait bien placée.

Pour avoir raison des insurgés qui jetaient le trouble dans la subdivision territoriale placée sous ses ordres, M. le colonel Carbuccia prit lui-même le commandement de la colonne de 1,500 hommes qui, le 6 juillet, quitta enfin le chef-lieu, avec six obusiers de douze centimètres. Le 9, avant le jour, une tribu redoutée, les Ouled-Sahnoun, nos ennemis irréconciliables, étaient rasés de fond en comble. Le 15, la colonne arrivait à Biscara, où l'on pensait généralement que l'apparition seule de nos forces et, tout au plus, la menace de détruire les palmiers suffiraient à réduire l'ennemi.

Sous l'impression de ces données inexactes, le colonel Carbuccia se présenta devant Zaatcha, dans la nuit du 15 au 16. Il reconnut en personne les abords de la place et put se convaincre des graves difficultés de son entreprise. Cet excellent officier eut raison de ne pas s'exposer aux énormes inconvénients d'une retraite sans combat, et ne consultant que son courage, il ordonna l'attaque.

Deux colonnes de 450 hommes chacune abordèrent vigoureusement les Arabes, et au bout de deux heures de lutte très vive, par une chaleur de 59°, ils les avaient refoulés, de jardin en jardin, jusque dans l'enceinte crénelée du village. Là, nos bons soldats furent arrêtés par un obstacle matériel, un fossé de cinq mètres de large, qu'on ne put franchir sous le feu d'un ennemi invisible. Les obusiers de douze centimètres ayant été insuffisants pour entamer un mur à soubassement en pierres cyclopéennes du temps des Romains, il fallut se retirer, après de longs efforts proclamés héroïques par l'armée d'Afrique tout entière.

Dès lors, la révolte gagna de proche en proche, même en dehors des Ziban, et la défection de Sidi-Abd-el-Afid, chef de la redoutable secte religieuse des Ghouans, vint mettre le comble aux dangers de la situation. Heureusement, en apprenant cette nouvelle, le colonel Carbuccia, revenu à Batna, se hâta d'en faire partir pour Biscara le seul bataillon qu'il eût de disponible. Bien que ce bataillon fût d'un faible effectif et n'amenât qu'une pièce d'artillerie, il permit à M. de Saint-Germain, resté au commandement de Biscara, d'entreprendre la brillante affaire du 17 septembre, dont tous les journaux ont retenti, et où ce vaillant officier trouva une mort glorieuse.

Les choses étaient dans cet état, lorsque M. le général Herbillon quitta Constantine, pour commander en chef l'expédition à laquelle j'allais prendre part. Arrivé le 7 octobre devant Zaatcha, il livrait le 20 un premier assaut, soutenu avec succès par les Arabes, malgré l'invariable bravoure de nos soldats.

On a vu que le 15, de bon matin, j'étais parti de Constantine. Après quelques heures de marche, nous fîmes halte à la fontaine du Bey. Dès la veille, j'avais fait connaissance avec le sirocco, une des conditions les plus incommodes de la guerre d'Afrique. Nous nous rafraîchîmes copieusement à une belle source d'eau vive, et tandis que nos chevaux mangeaient l'orge, qu'on déchargeait les mulets, et qu'on retirait des cantines notre frugal déjeuner, je m'amusai à chasser des bandes nombreuses de gangas, que je trouvai très farouches, pour une contrée aussi déserte.

Nous arrivâmes de bonne heure à l'étape d'Aïn-Mélilla, où ma tente fut bientôt dressée près de la fontaine. Les eaux abondantes qui en découlent, forment un long marais qui s'étend de l'est à l'ouest et qui, par sa végétation et les oiseaux aquatiques qui le peuplent, égaie un peu la triste vallée où nous nous trouvions. Elle est surplombée de deux montagnes arides qui semblent s'observer, et les Arabes de la tribu voisine nous assurèrent, sans perdre leur sérieux, qu'à certains jours, les deux colosses de granit s'avancent l'un vers l'autre dans la plaine et s'entrechoquent dans une lutte fantastique. Ces braves gens à imagination poétique s'appellent les Smouls, et comptent parmi nos plus sûrs alliés. Un de leurs chefs, à figure biblique encadrée dans un bournous blanc comme neige, vint me saluer et m'offrir la *diffa*. Elle consistait dans un grand plat de bois, à pied, comblé de *couscous* et de viandes. Ce chef me dit qu'il savait que j'étais non-seulement le frère du sultan des Français, mais le fils d'un prophète, et qu'il n'avait rien à me refuser. J'usai de son hospitalité, en lui demandant du lait qu'il nous procura aussitôt, et que l'ardeur produite par le sirocco nous rendit extrêmement agréable avec du thé. La nuit, des voleurs de chevaux vinrent rôder autour de nos tentes; mais les chiens des *douairs* voisins firent un tel vacarme qu'ils les éloignèrent. Réveillés par leurs aboiements, nous entendîmes dans le lointain le rugissement d'un lion. Cette première étape, par son originalité romanesque, ne fut pas sans charme; de Constantine à Aïn-Mélilla il y a quarante-deux kilomètres.

Dès que le jour parut, nous pliâmes bagage, et après quelques heures de marche assez vive, nous fîmes notre grande halte sur les bords du marais d'Aïn-Feurchie. Le gibier, dans cet endroit, foisonne, mais il est très défiant; le pays, tout à fait découvert, ne permet pas qu'on l'approche; je poursuivis inutilement deux grands et magnifiques oiseaux du genre des outardes. Continuant notre route, nous passâmes entre deux lacs salés qu'on appelle la *Sebka*. Dans cette saison, l'eau qui s'en était entièrement retirée, laissait à découvert une vaste plaine de sel, dont le blanc bleuâtre, sillonné de sentiers frayés par les indigènes, rappelait ces contrées septentrionales couvertes de neige, et où le soleil brille après une forte gelée. Nous rencontrions souvent des bandes d'Arabes, parmi lesquels des Sahariens qui, poussant devant eux leurs dromadaires chargés de sacs de grains, regagnaient le désert. Nous remarquâmes une femme qui, sur un cheval, entourée jusqu'à la ceinture de paquets de toutes sortes, se voila le visage quand nous parûmes. Trois autres femmes très laides la suivaient à pied. Le soin qu'avait pris la première de se cacher la figure à notre approche fait présumer, contrairement à ce qu'on croirait en Europe, qu'elle était jolie; ses yeux l'étaient certainement, car tout en se dérobant à notre curiosité, elle avait soin de nous darder des œillades assassines. Je la saluai en passant auprès d'elle, mais je n'en obtins qu'un dédaigneux silence. Avant le coucher du soleil, nous étions à l'étape d'Aïn-Yagout, distante de soixante-seize kilomètres de Constantine.

L'administration militaire a fait ici bâtir un bel abreuvoir et une grande maison de plain-pied qui sert, en même temps, d'auberge et de poste retranché. Je fus reçu par un sergent allemand de la Légion étrangère, à qui en était confiée la garde. Les Arabes, pour lesquels l'abreuvoir est d'une grande utilité, l'entouraient, en foule, hommes et femmes de différents *douairs*. Je me mêlai un instant à eux, et je pus remarquer que les événements qui s'accomplissaient avaient leur influence sur ces populations, et qu'une partie, du moins, était déjà ouvertement hostile à notre domination.

Le lendemain, nous étant mis en marche sous un soleil ardent, nous fîmes notre halte et notre déjeuner à l'ombre de rochers gigantesques; après quoi, nous quittâmes enfin la zône brûlée et sans bois que nous suivions depuis Constantine, pour entrer dans celle couverte d'une végétation vivace qui entoure Batna. A peu de distance de ce chef-lieu, nous nous arrêtâmes à un beau moulin qui fournit les farines de la garnison, et qui était gardé par un détachement du 5me bataillon de chasseurs à pied. Au moment où nous reprenions notre marche, je vis accourir à ma rencontre un groupe d'officiers du 2me régiment de la Légion étrangère qui, M. le lieutenant-colonel de Caprez en tête, me firent le meilleur accueil. Avec eux, je retrouvai M. Pichon, lieutenant aux chasseurs d'Afrique, que j'avais connu à Paris, où nous eûmes ensemble le bonheur de rendre moins graves les suites d'un duel inévitable entre deux vaillants officiers, porteurs de deux des plus beaux noms de l'époque impériale.

En causant avec ces braves, je fus bientôt rendu à Batna, création de nos soldats, qui prend déjà les proportions d'une petite ville. Un simulacre d'enceinte, inachevée, et qui n'offrirait pas grande résistance en Europe, paraît devoir suffire à la garantir, au besoin, de toute attaque de la part des Arabes. Par ordre de M. le colonel Carbuccia, en ce moment à la colonne expéditionnaire, son logement fut mis à ma disposition par M. le lieutenant-colonel de Caprez, qui m'en fit les honneurs avec une charmante cordialité. Je commençai, dès lors, à sentir les effets de l'hospitalité, vraiment corse, du colonel Carbuccia et de sa vive amitié, qui ne s'est point démentie, et qui a été pour moi une consolation, au milieu des avanies que j'ai essuyées.

J'eusse voulu poursuivre ma route le lendemain, mais M. de Caprez, commandant intérimaire, ne crut pas devoir me laisser partir avec une aussi faible escorte, et il me prescrivit d'attendre au surlendemain, 19 octobre, le départ d'un convoi, dont il m'accorda le commandement. Cette précaution était bien loin d'être superflue. La province tout entière se trouvait dans une agitation extrême. Non-seulement des meurtres sur des hommes isolés avaient eu lieu, même sur la route de Constantine que nous venions de parcourir, mais les montagnards des Aurès, dont le territoire s'étend presque aux portes de Batna, s'étaient montrés en force dans la vallée de Lambesa, à une très petite distance de la place. Lambesa est une ancienne ville romaine, dont les ruines sont d'un grand intérêt pour les archéologues. Dans des fouilles dirigées par le colonel Carbuccia, on y a trouvé des objets extrêmement intéressants, et particulièrement des statues d'un très beau style que j'ai vues à Batna. C'est sur les débris de cette vieille résidence des maîtres du monde que le gouvernement se propose de fonder la colonie où doivent être transportés les malheureux combattants de juin. Ni les matériaux, pierres et bois, ni des eaux abondantes, ni un sol fertile sous un climat sain, ne manqueront aux nouveaux colons. Puissent ces avantages adoucir leur sort, et leur rendre moins cuisants les regrets de l'exil!

J'employai la journée du 18 à visiter tout ce que Batna renferme de remarquable. La population civile m'a paru commerçante, industrieuse et prospère. Des boutiques bien assorties, un établissement de bains, des plantations très productives, dénotent les progrès qu'en persévérant dans son travail elle est appelée à faire tous les jours. Les établissements militaires, magasins, casernes, hôpitaux, sont dignes d'attention. Les charpentes de ces divers bâtiments sont toutes en bois de cèdre, que l'on retire d'une belle forêt qui couronne la cime d'une montagne voisine. Le cèdre ne justifie pas, du reste, sa réputation, et, en Algérie du moins, il paraît qu'il se détériore en peu de temps.

Dans la visite que je fis aux hôpitaux, je m'entretins avec plusieurs de nos blessés qui revenaient de la colonne du général Herbillon, et ce ne fut pas sans émotion que je reconnus parmi eux un garde mobile, jeune Parisien engagé depuis peu dans la Légion étrangère. Il avait reçu toute la décharge d'un tromblon; couvert de blessures, il ne s'inquiétait que de son frère, volontaire comme lui, et qu'il avait laissé dans les Ziban; heureusement, l'officier de santé répondait de sa guérison.

Le 19 octobre, après avoir pris les ordres de mon lieutenant-colonel, je dis mon lieutenant-colonel, puisque je savais déjà que j'étais destiné au commandement du 3e bataillon du 2e régiment de la Légion étrangère; après avoir pris les ordres de ce vieux serviteur de la France, je partis avec la cavalerie du convoi. M. le lieutenant-colonel de Caprez est Suisse de naissance, et il tient de sa nation tout ce qu'elle a d'éminemment militaire dans son généreux dévouement. Il me fit l'honneur de m'accompagner jusqu'à une certaine distance de la place. L'infanterie nous avait précédés, sous le commandement d'un jeune lieutenant normand du 8e de ligne, M. Wolf, relevant à peine d'une blessure, et mort d'une belle mort, peu après, à la prise de Nara par M. le colonel Canrobert.

Le convoi se composait de trois cents mulets de charge, accompagnés d'autant de conducteurs arabes, et portant soixante-dix mille rations, outre quelques munitions de guerre. L'escorte placée sous mes ordres n'était que de vingt-huit fantassins de la Légion et trente-sept cavaliers, chasseurs d'Afrique et spahis. MM. Conseillant, sous-intendant militaire, et Dubarry, officier de santé, voyageaient avec nous. Malgré le voisinage des monts Aurès, la route de Batna à El-Ksour, première étape vers Biscara, n'avait pas encore été inquiétée; nous y arrivâmes sans encombre. C'était un poste en maçonnerie, encore en construction, et situé près d'une source qui ne tarit point. Un petit détachement de la Légion, commandé par le lieutenant Sarazin, y tenait garnison. Nous plantâmes le piquet; je pris quelques précautions pour la nuit, et le lendemain, à quatre heures du matin, je fis battre *le premier*. Les tentes furent bientôt abattues, et le café pris. La distribution de café est une excellente innovation, qui plaît beaucoup au soldat et qui, sous ce climat, paraît être très favorable à son hygiène; elle est due, si je ne me trompe, à

M. le général Lamoricière. Chaque homme a dans son sac sa petite provision de café moulu et mêlé au sucre en poudre; instantanément, dans une gamelle ou dans le premier récipient venu, la boisson est préparée, souvent même à froid. Cela ne devrait pas empêcher, ce me semble, de distribuer journellement aux soldats une ration d'eau-de-vie ; versée dans leurs bidons, elle en corrigerait l'eau qui, la plupart du temps, saumâtre et malsaine, occasionne des diarrhées qui dégénèrent fréquemment en dyssenteries, affaiblissent et démoralisent un grand nombre d'hommes dans toute colonne en marche. A ce sujet, qu'il me soit permis de signaler une économie mal entendue, un fait condamnable et pernicieux que j'ai observé. En Afrique, le vin qu'on peut se procurer en campagne, chez les cantiniers et même dans les places de second ordre, est cher et détestable; le vin bleu des barrières de Paris est un nectar en comparaison; cependant, personne, à quelques rares exceptions près, n'en a de meilleur, et vraiment c'est pénible de voir tant de braves gens, qui n'épargnent ni leurs sueurs ni leur sang, s'empoisonner, lorsqu'il serait si facile à l'administration de leur fournir du bon vin à un prix raisonnable. Il lui suffirait d'avoir, comme cela se pratique pour les ambulances, du vin de distribution dont la qualité serait garantie dans l'adjudication au fournisseur; on le céderait aux hommes au prix de revient.

Le *rappel* battu, nous partîmes en nous éclairant, bien qu'il n'y eût pas de probabilité que nous fussions attaqués ce jour-là. Deux spahis ouvraient la marche, suivis, à peu de distance, d'un brigadier et quatre cavaliers; cent cinquante pas derrière ceux-ci, venaient la moitié de l'infanterie, le convoi, sur un grand front, quand le passage des lits desséchés des torrents n'obligeait pas à le réduire, le reste des fantassins, la cavalerie, et un peu plus loin, en arrière-garde, un sous-officier et quatre cavaliers ; enfin, deux autres spahis fermaient la marche, et quatre chasseurs à droite et à gauche la flanquaient. Cette petite colonne était très originale et pittoresque, dans une plaine sauvage jalonnée de ruines d'anciens postes romains. Pour l'empêcher de s'allonger, nous faisions, toutes les heures, une halte de cinq minutes, et malgré les prescriptions réglementaires, je permis aux fantassins de déposer les sacs sur des mulets haut le pied, attention à laquelle nos soldats sont très sensibles.

Nous arrivâmes de bonne heure à la rivière des Tamaris, où nous fîmes notre grande halte. Ce lieu est célèbre par les fréquentes embuscades des Arabes. Tandis que nous déjeunions, nous vîmes arriver une évacuation de nos blessés, parmi lesquels étaient MM. Marmier et Thomas, capitaines dont l'état nous inspira, pour leur vie, de vives inquiétudes. Ils venaient de Biscara, sous l'escorte d'un détachement de chasseurs d'Afrique. M. Hamme, officier commandant, portait l'ordre de faire rétrograder, avec les blessés, les troupes que j'amenais de Batna. Je renvoyai donc mon escorte, hormis M. Bussy, les deux chasseurs et deux des spahis que j'avais pris à Constantine, les deux autres étant restés malades à Batna, et je me remis en route avec M. Hamme, dont le détachement faisait partie de l'escadron du capitaine Vivensang, qui nous attendait à El-Kantara.

En quittant la rivière des Tamaris, et à mesure qu'on

avance vers le sud, le pays, d'abord ondulé et encore couvert de quelque végétation, se montre tout à coup abrupte, stérile et montagneux. On arrive ensuite à un défilé rocailleux qui aboutit au passage d'El-Kantara, où une petite rivière torrentielle s'ouvre une étroite issue entre deux hautes montagnes d'une pierre rougeâtre, sombres, dépouillées et taillées à pic. C'est sur ce cours d'eau, au lit profondément encaissé, qu'est jeté un pont de construction romaine, dont la solidité a bravé le temps et les crues, et donné un nom à la localité, car El-Kantara en arabe veut dire le pont. A la sortie de ce passage, le regard, fatigué de s'arrêter sur les roches décharnées qui l'enserrent, est frappé d'un spectacle magique; un vaste horizon apparaît sans transition, et au débouché même du défilé, une verte oasis de palmiers offre ses ombrages et ses fruits, tandis qu'au delà, comme en deçà, le sol est infertile et escarpé.

Ici, je dus remarquer que, malgré leur bravoure et leur fanatisme, les Arabes ne savent pas toujours profiter des avantages du terrain. Il est certain que, dans tout autre pays de montagnes, en Corse, en Grèce, en Catalogne ou dans le Tyrol, une poignée de tireurs eût suffi pour disputer le passage même à des forces considérables, et sans convoi, dans une gorge aussi bien disposée pour la guerre de chicane.

M. le capitaine Vivensang, qui était venu à notre rencontre, nous conduisit où campaient ses chasseurs. Les deux détachements réunis, nous disposions d'une soixantaine de sabres, qui, en rase campagne, valaient au moins, comme on sait, et comme on verra par la suite, un nombre décuple d'Arabes.

Sans doute, nous avons en France de beaux et bons régiments, mais il n'en est point qui satisfassent autant que cette admirable cavalerie de chasseurs d'Afrique l'observateur consciencieux qui aime à voir les agents de guerre véritablement appropriés à leur destination. Le soir, dans la tente du capitaine, je soupai gaiement avec les officiers, MM. Hamme, Chabout et Lermina. La soupe à l'oignon ni le vin bleu ne furent dédaignés. Du reste, le caïd de l'endroit, revêtu d'un bournous d'investiture, c'est-à-dire rouge, donné par nos autorités, nous fit apporter des poules, des œufs et des oranges amères.

Le 21, au lever du soleil, nous pliâmes bagage et nous fîmes filer aussi lestement qu'on put nos mulets arabes et leurs conducteurs. La route ne nous offrit rien de particulièrement remarquable, si ce n'est une roche de l'aspect le plus bizarre, imitant à s'y méprendre, même à une faible distance, les ruines d'un château féodal. A la grande halte, nous chassâmes, le capitaine et moi, aux bords d'une rivière couverts de lauriers-roses, et, malgré l'avis qu'on nous avait donné que nous rencontrerions l'ennemi avant d'être à El-Outaïa, nous arrivâmes sans encombre, après quelques heures de marche, à cette misérable oasis, dont les plantations ont été complétement détruites par Ahmed, bey de Constantine. Nous nous trouvions à environ deux cents kilomètres de cette ville, et à trente seulement de Biscara.

Le caïd et le maréchal-des-logis des spahis bleus du Désert, cavaliers irréguliers qui font pour nous le service de la correspondance, vinrent nous recevoir. Ce maréchal-des-logis, qui s'appelle Déna, est un ancien chef de parti, autrefois la terreur du pays, qu'il parcourait en rançonnant, à la manière des Bédouins, les voyageurs ; au demeurant, brave et fidèle à ses engagements, il nous a été très utile, et je devais en avoir bientôt la preuve.

Pendant que les chasseurs dressaient les tentes et rangeaient les chevaux, je pris mon fusil et je me mis à poursuivre des ramiers, dont nous voyions de toute part d'innombrables volées. Ces oiseaux n'ont rien perdu en Afrique de la ruse qui les caractérise en Europe ; aussi, ennuyé de ne pouvoir en approcher, je m'arrêtai à une source où les femmes de l'oasis venaient remplir leurs cruches. Une seule, parmi ces Rébecca, justifiait la réputation de beauté qu'on accorde indûment au sexe d'El-Outaïa. C'était une jeune fille presque blanche, légèrement tatouée, aux yeux de jais, aux dents de perles, aux formes sveltes et arrondies, qu'un *haïk* couvrait à peine. Sans doute, le sentiment qu'elle paraissait avoir de ses charmes la rendait moins sauvage ; car, tandis que ses laides compagnes me faisaient des yeux d'hyène, elle sourit doucement à mon salut, tant il est vrai que l'instinct de la coquetterie n'abandonne jamais complétement les femmes d'aucun pays.

Mon brave et excellent compagnon, M. Bussy, qui parle la langue du pays comme un Arabe, et qui, avec son activité accoutumée, avait été aux renseignements, m'avertit qu'on avait connaissance de l'ennemi. Évidemment, la journée du lendemain ne se passerait pas sans le voir. Le soir, en soupant avec les officiers, il fut convenu de commander quelques cavaliers de Déna, qui, par la connaissance qu'ils ont des moindres plis du terrain et des ruses de leurs compatriotes, sont de précieux éclaireurs, qui devaient nous prévenir en cas d'embuscade.

Le *boute-charge* des chasseurs nous réveilla à la pointe du jour. Une heure après, on sonna *à cheval*, et avec la moitié de notre monde en tête et le reste en queue du convoi, nous nous avançâmes dans la plaine, précédés de nos spahis bleus. Le chemin suit cette plaine, ou plutôt cette vallée, jusqu'au col de Spha, gorge étroite où l'on traverse la dernière chaîne de l'Atlas, limite du Désert, au-delà de laquelle, à une petite distance, se trouve Biscara. Le sol, généralement uni, d'un aspect sauvage et dominé au loin par des montagnes de sel, est relevé par-ci, par-là, de quelques mamelons isolés, et coupé de ravins ou de lits de torrents desséchés, très propres aux embuscades. Nous savions à n'en pas douter que Si-Abd-el-Afid, ce marabout influent des monts Aurès, qui, au mois de septembre dernier, avait été frotté d'importance par l'infortuné commandant Saint-Germain, était aux aguets avec un *goum* nombreux. Deux ou trois jours avant, ces partisans avaient assassiné un chasseur et deux spahis à l'entrée du col de Spha, où nous vîmes le sol encore rougi de leur sang. On prétendait aussi que nous aurions affaire à des fantassins qu'on avait vus, disait-on, postés dans le défilé, ce qui nous aurait embarrassés quelque peu, attendu que nous n'avions pas nous-mêmes une seule baïonnette; mais dans la plaine, quel que fût le nombre des ennemis, la valeur éprouvée de nos bons chasseurs et le prestige de leur uniforme nous garantissaient, de gré ou de force, le passage du convoi. On va voir si nous nous trompions.

Le manque absolu d'eau ne nous avait pas permis de faire de grande halte. Une harde de gazelles venait de partir, et je faisais remarquer à un de mes voisins que, dans un autre moment, la nature du terrain nous eût invités à les poursuivre, lorsque je fus frappé de l'aspect singulier de deux mamelons isolés et rapprochés qui, à l'endroit où nous étions, masquaient le débouché du col, situé à un petit intervalle derrière eux. J'observai que, suivant toutes les probabilités, là devait être l'embuscade. Elle y était, en effet; mais, en nous voyant avancer, l'ennemi avait filé doucement par la droite, et gagné le lit d'un torrent à notre gauche. Nos spahis bleus, s'en étant approchés avec précaution, le fusil haut, firent tout à coup demi-tour et revinrent vers nous au galop. Le premier arrivé nous dit en arabe, en montrant du doigt le lit du torrent : le goum de Si-Abd-el-Afid est là. Nous n'aperçûmes rien d'abord. Cependant, ayant fait filer l'avant-garde et le convoi, ce qui ne fut pas fait sans peine, je restai avec M. Vivensang et deux autres officiers à l'arrière-garde. Nous n'avions, en définitive, qu'une trentaine de chevaux, et bientôt nous vîmes, à quelques cents mètres de nous, sortir successivement d'embuscade un grand nombre de cavaliers ennemis, qui se rangèrent en assez bon ordre *de l'autre côté du ravin*. Cette circonstance me fit penser de suite qu'ils n'étaient pas décidés à nous aborder, et qu'ils nous redoutaient, bien qu'ils fussent au moins deux cents. Quelques chefs, plus hardis ou mieux montés que les autres, caracolaient sur nos flancs, et venaient faire la *fantasia* un peu plus près de nous; mais lorsque, avec le capitaine et Bussy, je m'avançai pour les reconnaître, plusieurs groupes se détachèrent du gros de la troupe et fuirent vers les montagnes. Nos chasseurs, qui ne comptent jamais leurs ennemis, voulaient les charger, et je ne doute pas que ce n'eût été avec succès; mais le soin du convoi confié à notre garde nous prescrivait impérieusement de le rallier; d'autant plus que nous ne savions pas jusqu'à quel point il pouvait être vrai qu'une embuscade de fantassins nous attendait au col. Nous serrâmes donc sur le convoi ; les Arabes nous suivirent, mais à une distance respectueuse.

Déjà l'avant-garde, les mulets et leurs conducteurs étaient engagés dans le défilé. C'était curieux de voir l'empressement de nos Arabes, à qui la peur d'avoir le cou coupé par les Aurès faisait faire des prodiges de diligence, qu'avec la meilleure volonté du monde il nous aurait été impossible d'obtenir d'eux dans un autre moment. Quoi qu'il en soit, nous effectuâmes le passage sans autre accident ; seulement, une heure ou deux après, l'ennemi massacra et mutila horriblement de pauvres colons qui avaient commis l'imprudence de s'aventurer seuls sur ce chemin. Les fantassins qu'on avait aperçus sur la hauteur n'étaient pas des partisans de Si-Abd-el-Afid, mais un petit poste de nos auxiliaires, que le commandant supérieur de Biscara y avait établi, pour signaler ce qui se passait au-delà du col.

Trente chasseurs avaient tenu en respect deux cents cavaliers arabes ! Ce fait me parut d'autant plus frappant que les adversaires, à qui nous avions eu à tenir tête, sont bien loin d'être des lâches. Il prouverait une fois de plus, s'il en était besoin, l'avantage d'avoir des corps d'élite, aguerris, redoutés de l'ennemi, et sans lesquels, j'en suis convaincu, il n'est point d'organisation militaire parfaite.

A la sortie du défilé, nous trouvâmes un détachement de cavalerie qui venait à notre rencontre, et qui aurait pu nous être d'un grand secours, si le combat s'était engagé. Nous gagnâmes bientôt le nouveau camp retranché de Raz-Elma, construction remarquable qui commande la source d'où jaillissent les eaux de l'oasis de Biscara, ce qui nous donnerait, en cas de révolte, la faculté de les détourner et de ramener ainsi les habitants à l'obéissance. C'est à travers un bois de palmiers chargés de leurs régimes dorés, que nous atteignîmes le village et la casbah, résidence du commandant supérieur. De nombreux Arabes des deux sexes cueillaient paisiblement les dattes, sans avoir l'air de songer à la lutte mortelle dont le bruit pouvait retentir jusqu'à eux, engagée qu'elle était à quelques lieues de là, entre leurs coreligionnaires et nous. C'est le caractère de ce peuple de ne se prononcer qu'au moment d'agir, et ce n'est pas un mince avantage pour lui, dans la condition d'infériorité où il se trouve.

Grâce toujours à la prévenante courtoisie de M. le colonel Carbuccia, le logement qu'habitait de son vivant M. de Saint-Germain fut mis à ma disposition. La casbah était remplie de blessés et de malades, à qui le capitaine Bouvrit, commandant supérieur, et nos officiers de santé prodiguaient les soins les mieux entendus. J'allai porter à ces braves l'expression de ma sympathie, et comme représentant du Peuple, celle du pays tout entier. Parmi eux, je serrai la main, avec une profonde émotion, au commandant Guyot du 43e de ligne, fils du général comte Guyot, et filleul de l'empereur. Ma présence parut produire sur lui une vive impression; bien qu'il fût dangereusement blessé, je ne prévoyais pas alors la catastrophe qui devait terminer sa noble existence et replonger dans le deuil une famille qui a si largement payé sa dette à la patrie.

A Biscara, je rencontrai également M. Séroka, jeune officier de la Légion, dont j'ai déjà parlé, et qu'un bonheur inespéré me faisait trouver en pleine convalescence, bien qu'il eût eu le cou traversé d'une balle, de la même balle qui avait frappé le colonel du génie Petit, dont toute l'armée déplore la perte.

Le lendemain au matin, avec une escorte d'une vingtaine de chasseurs, je partis pour le camp du général Herbillon. Désormais, nous voyagions dans le Sahara. Le sable, où nos chevaux enfonçaient parfois jusqu'au genou, nous l'aurait dit assez, à défaut de l'aspect tout différent du pays. Zaatcha se trouve à sept ou huit lieues de Biscara. Nous avions tourné à l'ouest; à gauche nous apercevions le désert, dont la monotonie n'est interrompue que par les palmiers des oasis se montrant de temps en temps à l'horizon. A droite, l'extrême Atlas élève, comme une enceinte continue du Tell, sa croupe décharnée et dépourvue de toute végétation, étayée, en guise de contre-forts, par d'énormes masses de sable que le sirocco y amoncelle.

A une lieue du camp, je piquai des deux, et je ne fus pas longtemps sans l'apercevoir. M. le colonel Carbuccia, venu à ma rencontre avec quelques officiers de son régiment, me conduisit à sa tente, et de là à celle du général qui m'accueillit très bien. Celui-ci me confirma qu'il me destinait au commandement d'un bataillon de la Légion, ce qui n'était pas absolument ce qu'on m'avait promis à Paris. Le 1er régiment de la Légion étrangère, auquel j'appartenais, était dans la province d'Oran; il n'y avait devant Zaatcha que deux faibles bataillons du 2e, dont M. Carbuccia est colonel. Je me félicitais d'ailleurs de servir sous les ordres d'un Corse qui déjà m'avait donné des marques de sympathie. Le soir même, devant le régiment assemblé, il me fit reconnaître en qualité de chef du 3e bataillon, dont l'effectif était de trois cent quarante-huit hommes, non compris les officiers. Le 1er bataillon, aux ordres de M. le capitaine Souville, était encore plus faible; il ne comptait que deux cent quatre-vingt-quinze hommes, et je ne m'éloigne pas de la vérité en disant que nous n'avions, en tout, qu'un officier, à peu près, par compagnie.

La colonne campait sur plusieurs lignes, dans un terrain sablonneux et ondulé, dont l'état-major et l'ambulance occupaient les points culminants. Leurs tentes étaient adossées à de grands rochers. A quatre cents mètres environ du front de bandière coulait un ruisseau aux eaux saumâtres, mais abondantes; deux cents mètres plus loin, étaient la lisière de l'oasis et la *Zaouïa*, espèce de petite mosquée à minaret, entourée de quelques maisons désertes.

Mon régiment était établi en première ligne. On dressa ma tente non loin de celle du colonel, qui voulut bien me conduire lui-même chez tous les officiers supérieurs, et à l'ambulance, où nous visitâmes les blessés, que j'eus la satisfaction de voir entourés de tous les soins possibles par M. le docteur Malapert et ses aides.

Cette nuit, je fus réveillé par une fusillade assez vive. Un parti ennemi, à la faveur de l'obscurité, s'était glissé près du camp et brûlait sa poudre sans résultat; cependant, les balles sifflaient autour de nos tentes et un cheval même en fut atteint. Le feu de nos grand'gardes fit bientôt taire celui des Arabes, et le colonel dit en riant qu'ils étaient très bien élevés, puisque, ayant appris l'arrivée d'un représentant du Peuple, ils le saluaient d'une salve de bienvenue. Tout rentra dans le silence, sauf quelques coups de fusil qu'on entendait dans la direction de la tranchée, à de rares intervalles, et je me rendormis jusqu'à la diane, *cette voix de l'aurore,* comme dit Victor Hugo, si agréable au soldat.

Certes, il y avait un charme indéfinissable pour moi à me réveiller ainsi, sous une tente française, en face de l'ennemi, au bruit de la musique guerrière de nos fameux régiments. Que d'idées et de sentiments, que de souvenirs et de traditions se pressaient dans mon esprit et dans mon cœur ! Mais, hélas ! ils étaient bientôt, sinon refoulés, du moins amoindris, paralysés par une amère réflexion que mon estime pour mes bons camarades de la Légion ne parvenait pas à détourner. Je me disais que, représentant du Peuple, et un des plus proches parents du plus grand de nos capitaines; au point de vue militaire, c'est-à-dire à celui qui m'importait le plus, j'étais encore une espèce de paria, puisque cette fatale qualification : *au titre étranger,* me ravalait encore au rang des proscrits, moi proscrit de la veille, moi une des victimes de l'invasion étrangère, et des persécutions dont l'étranger, oppresseur de la France, avait poursuivi ma famille, même dans l'exil ! Et songer que c'était à l'avènement d'un Bonaparte que je devais la continuité de cette situation anormale, et penser que le 10 décembre, le 10 décembre ! m'avait fermé la porte qu'un autre que Louis-Napoléon m'eût ouverte, ou du moins qu'il ne m'eût pas barrée, n'était-ce pas désespérant ? Je sentais alors qu'après tout j'avais eu tort de permettre qu'un membre de ma famille fût nommé au titre étranger; mais bientôt le soleil du Désert resplendissait sur les armes, mon colonel se montrait avec sa voix sympathique et son énergique gaieté ; les coups de feu se faisaient entendre à la tranchée, et les réflexions pénibles s'évanouissaient.

Comme il n'y avait pas à la colonne d'autre général que le commandant en chef, chaque colonel d'infanterie remplissait, à son tour, pendant vingt-quatre heures, les fonctions de général de tranchée. Ce jour-là, le colonel Carbuccia et notre régiment étaient commandés. Vers midi, je formai mon bataillon devant le front de bandière, je fis rompre par section à droite, et nous marchâmes, musique en tête, sur la Zaouïa, où était l'entrée des travaux. En nous voyant venir, l'ennemi, embusqué dans plusieurs jardins que nos troupes n'occupaient pas, dirigea sur nous son feu, qui nous blessa un sous-officier et un clairon. En arrivant à la tranchée, un sergent du bataillon mit sa tête à un créneau et, à l'instant même, il reçut une des plus singulières blessures qu'on ait jamais vues. Il fut atteint, immédiatement au-dessus de l'œil gauche, par deux balles de petit calibre, faisant probablement partie de la charge d'un de ces tromblons dont les assiégés avaient une certaine quantité. Ces armes, fort dangereuses de près, n'impriment pas une très grande vitesse à leurs projectiles ; c'est ce qui sauva notre sergent, car, au lieu de lui briser la tête, les balles lui contournèrent le crâne, et vinrent s'arrêter près de l'oreille. On le crut perdu ; me trouvant près de lui, je lui dis, sans le croire : ce n'est rien, sergent, vous en reviendrez bien vite. Heureusement, le fait me donna raison ; le chirurgien sonda la plaie, trouva les balles, à la surprise des assistants, et n'eut pas de peine à les extraire. Deux ou trois jours après, je vis le blessé ; il était debout, et en pleine convalescence.

Ceux qui ne les ont pas vus se feront difficilement une idée du village de Zaatcha, et de la nature des travaux du siége, si siége il y a sans investissement. En effet, cette place, ou plutôt cette bicoque, n'avait pu être investie, et de nombreux contingents y entraient et en sortaient à volonté, relevant les défenseurs, et les approvisionnant de vivres et de munitions. Situé dans la forêt de palmiers qui forme l'oasis, entièrement construit en terre sèche et compacte, Zaatcha n'est, en définitive, qu'un mauvais village à peine fortifié. Il est entouré d'un mur de pierre, flanqué, à ses saillants, par des tours ou maisons hautes et carrées. Un fossé large et profond en défend absolument l'approche, si ce n'est, je crois, du côté de l'ouest, où, pour des motifs que j'ignore, on n'avait pas encore dirigé d'attaque. Le pâté de maisons en face de la tranchée m'a paru beaucoup plus élevé que le reste du village, qui, si je ne me trompe, devait en être défilé. Les assiégés n'avaient point d'artillerie. Leur feu, quand il ne venait pas des tours, partait des créneaux percés au-dessus du fossé, souvent au ras du sol, dans le mur d'enceinte ou dans celui des maisons, et nous frappait avec tant de précision et d'à-propos, qu'on ne pouvait douter qu'une communication continue et facile, en guise de chemin couvert, n'existât sur tout le front d'attaque.

Quand j'ai parlé de tranchée, ce n'est pas qu'on eût eu à en ouvrir une proprement dite. La surface de l'oasis est coupée, en tout sens, de murs en pisé, d'environ deux mètres de haut, servant de clôture et de séparation à d'innombrables petits jardins, qui sont autant de propriétés particulières. Nos officiers du génie avaient profité de ces obstacles, abattant ceux qui gênaient, bouchant les brèches qui présentaient une solution de continuité, élevant ceux qui étaient insuffisants au défilement, et décrivant, en somme, une espèce de parallèle qui resserrait à l'est et au nord, c'est-à-dire du côté du camp, la moitié du développement du village, à une distance qui pouvait varier de quarante à cent mètres. Par les nombreux créneaux pratiqués dans les murs qui remplaçaient pour nous l'épaulement de tranchée, notre mousqueterie répondait à celle des Arabes.

Pour ces travaux et ceux de construction des batteries, nos soldats avaient su tirer un très bon parti du tronc des palmiers, et ils n'avaient presque pas eu de terre à remuer, si ce n'est pour les deux cheminements de droite et de gauche. Des troupes occupaient les jardins jusqu'à la lisière de l'oasis, et assuraient les flancs, les derrières, et les communications avec le camp.

Deux batteries de canons de 8 et d'obusiers de montagne étaient établies au centre et à la droite de la tranchée. La première portait le nom du colonel Petit, en l'honneur de cet officier supérieur qui y avait été mortellement atteint; la seconde s'appelait la batterie Besse, en mémoire d'un vaillant capitaine d'artillerie, tué raide d'une balle au front, au moment où il pointait une pièce.

Après avoir fait, avec le colonel, la visité de nos lignes, et fourni notre contingent de travailleurs aux armes spéciales, j'essayai de tirer quelques balles par les créneaux. Ceux des Arabes étaient si petits qu'il fallait beaucoup de soins et quelque adresse pour les emboucher, mais on ne pouvait voir le résultat des coups. Aucun ennemi ne se montrait à découvert; tout ce qu'on apercevait entre la place et la tranchée se réduisait à quelques débris de murailles battues en brêche par notre artillerie, et aux cadavres des nôtres qu'on n'avait pu enlever, et qui infectaient l'air. Près de la sape de gauche, on voyait les ruines d'une tour qui s'était écroulée, le 20 octobre, sur les grenadiers de la Légion ; un grand nombre de ces braves avaient péri sous les décombres, et j'en remarquai un, homme magnifique, dont le corps nu, enflé, noirci, était écrasé sous un énorme madrier.

Parfois, les projectiles des assiégés embouchaient nos créneaux, écrêtaient le mur ou arrivaient aux points qui n'étaient pas bien défilés. Il est certain que l'ennemi avait d'habiles tireurs, particulièrement les domestiques noirs, que les chefs emploient à la chasse des autruches. Nos soldats les avaient entrevus visant nos officiers, et, avec cette vivacité d'imagination qui les caractérise, ils en avaient fait un être idéal et unique, qui, sous le nom du *Négro*, était censé avoir porté les plus mauvais coups.

Indépendamment du feu des batteries, nous lancions d'heure en heure une bombe de seize centimètres. Nous n'avions qu'un mortier, et le défaut de projectiles nous empêchait de l'employer plus souvent. On n'aura pas de peine à comprendre qu'un tir aussi rare ne pouvait être efficace. Il nous aurait fallu, d'ailleurs, des bombes de vingt-deux centimètres, et non de seize ; celles-ci portaient admirablement, mais, de l'avis de chacun, leur pénétration était insuffisante. Quant aux canons, par une circonstance locale, ils ne produisaient pas non plus tout l'effet désirable. Les maisons de Zaatcha avaient toutes des rez-de-chaussée au-dessous du niveau du sol, qui n'étaient qu'une espèce de caves où les boulets ne pouvaient atteindre ;

les étages supérieurs ruinés, les habitants se réfugiaient dans ces souterrains, et la résistance continuait de plus belle.

Malgré le courage et l'activité du génie, les deux sapes à droite et à gauche cheminaient très lentement. On s'était vu contraint d'en faire les épaulements en sacs à terre, et de les blinder, tant bien que mal, avec des branchages de palmier, pour mettre les hommes à l'abri des pierres que les Arabes ne cessaient d'y lancer. La tête de sape était continuellement en butte à leur fusillade, et les sapeurs qui se montraient à découvert étaient aussitôt tués ou blessés. Une espèce de mantelet en planches et en tôle, qu'ils poussaient devant eux en guise de gabion farci, ne se trouva pas à l'épreuve des balles, ce qui était d'autant plus fâcheux qu'on n'avait ni cuirasses, ni pots-en-tête. Mais aussi qui eût pu croire qu'un misérable village du Sahara nous obligerait à l'assiéger de la sorte ?

Vers le soir, le général vint faire la visite de la tranchée et donner des ordres pour la nuit. Il est bienveillant, ferme et sympathique ; officier sous l'empire, il fut blessé à Waterloo. J'observai qu'il s'exposait beaucoup et sans ostentation. A sa suite, comme porte-fanion de l'état-major-général, se trouvait le fameux tueur de lions, Gérard, maréchal-des-logis aux spahis, aujourd'hui sous-lieutenant. Je causai quelque temps avec cet intrépide chasseur, qui est de plus un excellent soldat. C'est à l'affût, à la chute du jour, et souvent à nuit close, qu'il attend ses dangereux adversaires et qu'il les tue, de fort près, avec une carabine à deux coups, chargée de balles ogivales à pointe d'acier. Cette précaution lui a paru nécessaire depuis que, malgré son sang-froid et la précision de son tir, il lui est arrivé qu'un lion, dont il s'approchait croyant l'avoir tué, se releva, la balle qui s'était aplatie sur l'os frontal, dont la dureté est extrême, n'ayant fait que l'étourdir; Gérard l'acheva, mais non sans peine.

Le général parti, l'heure de la soupe approchait, et je m'attendais à une de ces réfections frugales comme on peut en faire à la tranchée. MM. les officiers de la Légion en avaient décidé autrement, et ils avaient eu la charmante idée de me donner là, sous le feu de l'ennemi, un dîner de bienvenue, qui, certes, a été le plus original que j'aie fait de ma vie. Devant la *gourbie* du colonel (hutte en feuilles de palmier), on étendit une nappe sur un tapis, on y dressa le couvert, et nous nous assîmes à l'entour, les jambes croisées. Le repas fut bon, copieux et surtout gai; le colonel en fit les honneurs avec cet entrain de bon goût qui est le propre des hommes d'esprit. La musique du régiment, placée non loin de nous, joua des airs patriotiques, et même le caustique *drin, drin* de Lafon, qui acquérait du prix à cinq cents lieues de Paris. Au dessert, le colonel porta la santé du président de la République, qui fut accueillie avec une cordialité toute militaire. Alors la musique joua la *Marseillaise*, tandis que les Arabes, inquiets de ce bruit, redoublaient le feu de leurs fusils, et de leurs tromblons dont l'explosion plus retentissante était accompagnée d'une grêle de petites balles qui venaient frapper les palmiers à l'entour. On but une dernière rasade, dont les musiciens et les factionnaires qui se trouvaient près de nous, eurent leur part, et, à un signal de notre chef, chacun retourna à son poste.

Après avoir fait la ronde de la tranchée, des postes et des sapes, j'allai me reposer auprès du colonel, qui avait bien voulu m'admettre dans sa *gourbie*. Par son ordre, un clairon était chargé de sonner les heures par autant de vibrations détachées qu'il en fallait pour en marquer le nombre ; et comme il lui était prescrit de monter sur une petite élévation de terrain, les Arabes l'avaient aperçu, et un coup de fusil ou de tromblon lui répondait régulièrement. A cela ne se bornaient pas leurs taquineries. Ils rôdaient autour de la tranchée, en poussant des cris lugubres, et en appelant par son nom le colonel Carbuccia qu'ils connaissaient particulièrement, comme ses anciens administrés. Parfois ils engageaient la conversation avec nous, au moyen de l'interprète du colonel, et il y avait peu de temps que celui-ci avait failli être victime d'une de leurs ruses. Un Arabe, dont la voix tout à fait reconnaissable se faisait entendre chaque nuit, demanda à lui parler. Le colonel s'approcha du mur de la tranchée et ordonna à l'interprète de dire qu'il était présent et qu'il écoutait. Un long intervalle s'écoula sans réponse, et le colonel, fatigué d'attendre, s'éloignait, lorsque, de la cime des palmiers, plusieurs coups de feu furent dirigés sur la place qu'il venait de quitter. Les factionnaires préposés à la surveillance de nos créneaux ripostèrent, mais la surprise et l'obscurité nuisirent à la justesse de leurs coups, bien qu'il eût fallu un certain temps aux Arabes pour se glisser à terre le long des palmiers.

Les nuits sont magnifiques au mois d'octobre, sous cette latitude, et malgré l'odeur exécrable des cadavres, je m'étais endormi, quand mon sommeil fut brusquement interrompu par une forte fusillade qui éclatait à notre gauche. Nous courûmes à la sape de ce côté ; elle était attaquée, et l'ennemi, qu'on ne pouvait apercevoir, paraissait si rapproché, que dans l'idée qu'il voulût tenter d'escalader la tranchée, nous nous apprêtâmes à le recevoir sur les baïonnettes. Par ordre du général, les armes de nos hommes avaient été chargées avec deux balles, dont l'une coupée en quatre; quelques coups de fusil et la décharge à mitraille d'un obusier suffirent pour éloigner momentanément ces chicaneurs d'Arabes.

Du reste, il n'est pas de tour qu'ils ne fissent pour attirer les nôtres dans leurs embûches. Quelques nuits auparavant, ils avaient imaginé de lâcher des bourriquets, et de les pousser vers les jardins occupés par nos troupes, dans l'espoir que les soldats sortiraient pour les prendre, et tomberaient dans l'embuscade qu'on leur avaient dressée. Nos gens se contentèrent de tuer les bourriquets par les créneaux, et les Arabes en furent pour leurs frais.

Un autre stratagème dont les cavaliers du Scheik-el-Arab, qui était au camp, nous menacèrent, mais qui ne fut pas employé, leur réussit, à ce qu'ils prétendent, dans leurs guerres intestines, et il est trop curieux pour ne pas être rapporté. Il consiste à enduire de goudron, auquel on met le feu, des dromadaires qu'on chasse alors sur la tribu hostile; une espèce de rage s'empare de ces animaux, ils ruent, ils mordent, ils portent le désordre dans les rangs de l'ennemi, mais surtout, je pense, dans ses troupeaux. Quant aux Zaatcha, j'ignore s'ils étaient assez lettrés pour avoir pensé que nous aurions, au moins, aussi bon marché de leurs dromadaires enflammés que les Romains des éléphants de Pyrrhus à Bénévent; le fait est que malgré les pronostics des cavaliers de Ben-Gannah, ils ne tentèrent pas l'aventure.

Peut-être ces détails paraîtront puérils, mais ils aideront à prouverque les assiégés ne négligeaient rien, et que leur défense, suivant l'expression de M. le général Charon, était intelligente et énergique.

L'alerte passée, nous retournâmes, le colonel et moi, à sa *gourbie*, mais à peine avions-nous fermé l'œil, que de nouvelles fusillades réclamaient notre présence aux sapes menacées. Ce manége continua toute la nuit, et notamment mon excellent adjudant sous-officier, Trentinian, n'eut pas une minute de repos.

Le 25 octobre au matin, le général vint à la tranchée, et ordonna à mon colonel de m'envoyer avec 400 hommes, dont 200 de mon régiment, et 200 du 3e bataillon d'infanterie légère d'Afrique, couper des palmiers près du village de Lichana, que les contingents ennemis occupaient en force. Cette mesure d'abattre les palmiers était nécessaire et bien entendue, quoi qu'en aient dit certains critiques en gants jaunes, qui s'arrogent le droit de juger, au coin de leur feu, à Paris, les opérations d'une guerre réputée très difficile par les hommes les plus compétents. Il s'agissait non-seulement de faire des éclaircies pour faciliter l'investissement, mais aussi de ruiner l'ennemi et de fomenter ainsi, à notre profit, des récriminations et des discordes entre les diverses fractions de la population de l'oasis. En effet, les gens de Lichana, par exemple, ne manquèrent pas d'imputer à la résistance de Zaatcha la dévastation des plantations, leur principale ressource, et j'ai appris depuis que, comme on l'avait prévu, ils en furent touchés au vif, et que, malgré leur fanatisme, leur solidarité s'en trouva ébranlée.

On n'avait pu faire de lever du terrain. Le général nous indiqua, comme point de direction, un bouquet de palmiers à l'horizon, et je m'y portai, au pas de course, avec une compagnie d'infanterie légère d'Afrique. Suivaient les hommes de la Légion, et les travailleurs des deux corps avec des haches. J'étais prévenu que, sur la lisière de la forêt, M. le colonel de Barral appuierait le mouvement.

Après avoir escaladé plusieurs clôtures de jardins en terre sèche, longé et traversé dans l'eau un fossé large et peu profond, nous établîmes notre ligne de tirailleurs, le centre à environ trois cents mètres de la plaine, contre un mur crénelé par les Arabes, et dans un petit jardin encaissé et très propre à la défensive. Entre le mur et le jardin, et au niveau du premier, il y avait un terrain nu d'environ vingt mètres de large, où notre ligne formait un angle saillant. Je plaçai en réserve, à portée de couvrir ce point, un petit détachement de mes grenadiers, aux ordres de leur capitaine, M. Nyko, réfugié polonais, parent de l'infortuné comte Dunin, tué à Boulogne à côté de mon cousin. Cet officier avait déjà été dangereusement blessé devant Zaatcha, lors de l'expédition du mois de juillet dernier.

Le colonel, sans escorte et sans armes, avec cette intrépidité vraiment corse qui le caractérise, vint voir nos dispositions, et je crus comprendre qu'il les approuvait, à la manière flatteuse dont il répondit à l'assurance que je lui donnai, que le diable lui-même ne nous délogerait pas de là. Je prie le lecteur de remarquer que ce n'était pas une rodomontade, et que je tins la position jusqu'à ce que le général m'eut envoyé l'ordre d'effectuer ma retraite.

Derrière nous, nos travailleurs s'occupaient déjà, avec une grande activité, de l'abattage des palmiers. Je ne sais plus dans quel journal j'ai lu cette assertion mirobolante, que *la hache rebondit sur l'écorce élastique du palmier*. Au contraire, rien n'est plus facile que de le couper, et nos hommes y allaient grand train. Vraiment, c'était pitié de voir ces précieux végétaux, la plupart centenaires, s'abattre avec fracas, et couvrir le sol de leurs dattes. Toutes ne furent pas perdues, comme on pense bien, et nos soldats s'en régalèrent à tire-larigot.

Les Arabes, d'abord en petit nombre, exaspérés de cette exécution, et craignant peut-être une attaque sur Lichana, dont nous étions tout près, engagèrent le combat sur notre droite. A l'extrémité du mur crénelé, derrière un amas de décombres, un groupe de chasseurs du bataillon d'Afrique soutenait vaillamment l'attaque. Un caporal, étendu sur le ventre, se distinguait par la précision avec laquelle il dirigeait ses coups. Il avait placé une grosse pierre devant lui pour se garantir; une balle arrive, touche la pierre et la lui lance à la tête; le caporal se frotte le front, prend la pierre, la replace où elle était d'abord, et continue son feu; une autre balle arrive, le frappe à la tête et le tue raide.

Au-delà du mur était une espèce de ravin, par où l'ennemi aurait pu arriver inaperçu. J'ordonnai aux hommes qui gardaient les créneaux de redoubler d'attention; mais nos adversaires, guidés par la connaissance des lieux, furent plus rusés que nous. Au lieu de nous aborder de front, un certain nombre d'entre eux gagnèrent sur notre gauche, et se baissant au-dessous des créneaux, à la file l'un de l'autre, ils arrivèrent, pour ainsi dire en rampant, à garnir le mur du côté opposé au nôtre. Nous n'étions séparés d'eux que par cet obstacle, haut de deux mètres à peu près. Le reste, c'est-à-dire la masse, était resté dans le ravin, et à un signal donné, ils se levèrent tous, avec des cris sauvages, tandis que d'autres encore, dispersés en tirailleurs en face du jardin encaissé et du terrain nu dont j'ai parlé, nous fusillaient à l'angle ou crochet formé par notre ligne [1].

En un instant, plusieurs des nôtres furent couchés par terre, ou contusionnés par des nuées de pierres qu'on nous lançait par dessus le mur. Cette manière de préluder à un engagement plus sérieux est familière aux Arabes. Bientôt une haie serrée de leurs fusils parut à la crête du mur, et nos soldats, sans attendre qu'ils parussent eux-mêmes, et quoi que pussent faire les officiers, le couronnèrent de leur feu.

A l'angle de la ligne, un soldat venait de tomber mortellement atteint. Deux de ses camarades le traînaient en arrière, poursuivis par les Arabes qui voulaient s'en emparer pour lui couper la tête. J'allai à leur rencontre et les tins en échec avec mon fusil de chasse. Nyko et ses grenadiers étaient à cent pas de là; je leur fis signe d'accourir, et il était temps, car l'engagement devenait de plus en plus vif. En un instant, le capitaine Touchet, après avoir tué de sa main un ennemi, tomba frappé d'un coup de feu en pleine poitrine; le capitaine Butet reçut une balle à travers la cuisse; Nyko fut blessé à la tête;

[1] Je n'ai pas la prétention de faire de la tactique à propos d'une si petite affaire; mais si quelqu'un objectait que ce crochet était un oubli des principes, je lui répondrais qu'il s'agissait de protéger des travailleurs placés dans une circonférence irrégulière, et qu'une ligne droite était impossible. Dans un combat de cette nature, il était indiqué, d'ailleurs, de profiter des abris qu'offrait le terrain.

moi-même je fus atteint d'un gros caillou, qui ayant rebondi sur ma *carghera* corse (ceinture à cartouches), ne me fit pas grand mal. Je restai seul d'officier.

L'œil au guet, le doigt sur la détente, j'attendais que quelque Arabe se montrât au-dessus du mur. Il en vint un qui, coiffé d'un turban, brandissait un pistolet de la main droite, s'appuyait sur la gauche, et se découvrait audacieusement jusqu'à la ceinture. En apercevant un officier qui le tenait en joue presque à bout portant, il dut penser que son heure était arrivée; il voulut se rejeter en arrière, mais il n'en eut pas le temps; je lui lâchai dans le cou, au-dessous du menton, mon coup droit chargé d'une balle et cinq chevrotines; son coup de pistolet porta à faux sur ma gauche, sa tête frappa le mur qui fut baigné de son sang, et derrière lequel il disparut en tombant.

Presque en même temps, à quelques pas de là, un autre, à barbe grise, armé d'un long fusil garni d'argent, faisait basculer son arme sur le haut du mur, pour nous mieux viser. Se voyant visé à son tour, il se retira; mais aussitôt, élevant les bras et son fusil, il allait tirer dans notre direction, quand je lui lâchai mon second coup, chargé à deux balles qui, écrêtant le mur, l'atteignirent à la tête dont on ne voyait que le sommet. Comme son camarade, il tomba de l'autre côté, ainsi que son fusil qui paraissait fort beau, et que nous ne pûmes prendre. Les tirailleurs applaudirent, et ils m'assurèrent que c'étaient des chefs.

Tout cela se passa, pour ainsi dire, en un clin d'œil, et beaucoup plus vite qu'on ne peut l'écrire. Cependant, le feu, au lieu de discontinuer, prenait une nouvelle intensité. En voyant tomber leurs officiers et leurs camarades, beaucoup de soldats s'empressèrent autour d'eux, et les transportèrent sur les derrières ; d'autres, comme cela arrive souvent en pareil cas [1], les accompagnèrent, sans doute pour les escorter ; les travailleurs avaient suspendu la coupe des palmiers, mais n'étaient pas venus en ligne ; en un mot, je restai avec le quart environ de mon monde, c'est-à-dire une vingtaine de grenadiers de la Légion et quatre-vingts hommes, à peu près, du bataillon d'Afrique. Le brave sergent-major Marinot, de ce dernier corps, me seconda avec cette sévérité et cette énergie qui n'admettent point d'hésitation.

Mes grenadiers, ou plutôt cette poignée de mes grenadiers, restaient sous le commandement immédiat du sergent anglais Smitters, dont la valeur héroïque était digne d'une action plus importante.

Quoique, au même moment, les assiégés de Zaatcha eussent fait une sortie et attaqué vigoureusement la sape de droite à la tranchée, le colonel dont la sollicitude paternelle et touchante ne nous oubliait pas, le colonel, toujours partout, infatigable et dédaigneux du danger, arrivait encore auprès de nous. Sa présence ranima le combat. Debout sur un petit monticule où pleuvaient les balles, exactement à la même place où Smitters fut tué un instant après, il criait : Tenez

[1] L'ordonnance du 3 mai 1832 prescrit, avec raison, de ne pas s'occuper des morts, ni même des blessés, pendant l'action ; mais, en Afrique, il a fallu adopter le système contraire, à cause de la cruauté des Arabes et de l'inconvénient qu'il y aurait à leur laisser mutiler les corps dont ils font de sanglants trophées qui surexcitent le fanatisme des populations.

bon, grenadiers! et ne voulut point se défiler. Un groupe d'Arabes, à demi couverts par le mur, tiraient sur nous à soixante pas, et semblaient avoir reconnu des officiers, si bien que je crus utile de leur envoyer moi-même un nouveau coup de fusil. Tous ceux qui ont assisté à cette affaire conviendront que je n'exagère rien en disant que nous étions attaqués par plus de mille adversaires, et sans la bonté de notre position défensive, je ne sais vraiment ce que nous serions devenus, surtout sans les renforts qui nous arrivèrent.

Je conviens que j'en demandai au colonel. Non-seulement il m'approuva, mais rappelé à la tranchée par le bruit du combat qui continuait à s'y livrer, il se chargea de les faire demander lui-même au général. En attendant, nous avions à faire un nouvel effort, et, je dois le dire, aucun des braves qui m'entouraient ne faillit à cette tâche. Un lieutenant du bataillon d'Afrique, dont je regrette vivement de ne pas avoir retenu le nom, était venu remplacer un des capitaines blessés; Marinot, et leurs soldats, défendaient le jardin encaissé; Smitters et nos grenadiers, le mur et le terrain nu à côté.

La conduite de Smitters est de celles qui honoreront le genre humain tant qu'un cœur de soldat battra sous le harnais! Je déplore de n'avoir que ce faible écrit pour en conserver la mémoire. En évidence sur la petite butte que venait de quitter le colonel, il animait ses hommes, et ajustait ses coups avec un imperturbable sang-froid. Derrière un large créneau, un Arabe se montrait à demi et se cachait tour à tour. Le sergent le tenait en joue, et épiait, pour tirer, le moment favorable, mais l'ennemi le prévint; foudroyé, Smitters bondit en l'air, tomba à la renverse, et son sang généreux rejaillit sur les grenadiers. Avant de lui percer le cœur, la balle avait fait un long éclat à la monture de son fusil. Effet fréquent de la mort par les armes à feu, on aurait dit qu'il dormait d'un bon sommeil, tant sa figure paraissait sereine et presque rayonnante.

Cet intrépide sous-officier était un homme de trente à trente-cinq ans, d'une taille moyenne, bien pris, brun, sans barbe ni moustaches, comme les soldats de son pays. Pauvre Anglais! dont le sort était de venir mourir dans une oasis du Sahara, à côté d'un neveu du plus grand ennemi de sa grande nation!

Sa fin produisit une pénible impression, et l'ennemi ne semblait pas se ralentir. Mais, sur la lisière de la forêt, M. le colonel de Barral opérait une puissante diversion. Ses obus, longeant notre ligne et sifflant à travers les palmiers, tombaient et éclataient parmi les Arabes. Dans la plaine, un de ses échelons, formé du bataillon de zouaves du commandant de Laurencez, était arrivé à trois cents mètres de nous. Les ennemis nous pressant toujours, je me décidai à aller lui demander quelques hommes, pour appuyer mes grenadiers, qui continuaient bravement la défense de la butte où leur sergent venait d'être tué. Avec une courtoisie dont je lui suis redevable, M. de Laurencez[1] s'empressa de me donner quinze hommes avec un lieutenant, M. Sentupery. Ce jeune officier s'écria : En avant, c'est le poste d'honneur! et nous courûmes renforcer ma ligne, où l'arrivée des zouaves produisit visiblement le meilleur effet. Sur mon indication, ces braves rejoignirent

[1] M. de Laurencez, blessé à l'assaut de Zaatcha, est aujourd'hui lieutenant-colonel.

les grenadiers à l'éminence où était tombé Smitters, et un d'eux, nommé Goise, qui avait été prisonnier des Arabes et parlait leur langue, se mit à les défier et à les plaisanter de la façon la plus originale. C'est encore une preuve de l'ascendant des corps d'élite, que, dès ce moment, l'attaque se ralentit ; l'uniforme des zouaves est redouté de leurs adversaires à l'égal des vestes bleu de ciel des chasseurs, et nos troupes elles-mêmes savent, par expérience, ce que vaut le concours de ces triaires de l'armée d'Afrique.

La voix du colonel se fit entendre de loin, annonçant des renforts. En effet, sur notre droite, le commandant Bourbaki avec les tirailleurs indigènes, et le lieutenant-colonel Pariset, de l'artillerie, en personne, avec deux obusiers, refoulaient l'ennemi, qui ne tarda pas à rentrer à Lichana. Arrivé près de nous, le colonel me communiqua l'ordre du général de battre en retraite. Je me permis d'observer que les Arabes rétrogradaient, et que le moment était propice pour continuer l'abattage des dattiers ; mais il me répondit que l'ordre était formel, et qu'il n'y avait qu'à obéir. Sur ce, nous quittâmes une position que nous avions gardée quatre heures, on sait à quel prix ; nous gagnâmes la plaine sans aucune opposition, et de là la tranchée. Nous avions eu six morts et vingt-deux blessés, dont trois officiers [1] ; les Arabes durent avoir un nombre infiniment plus considérable des leurs hors de combat.

Je trouvai le général près de la Zaouïa. Il parut regretter de nous avoir engagés si loin, à cause des pertes que nous

[1] Voyez les états nominatifs aux Pièces justificatives.

avions essuyées ; cependant, il me dit avec une grande cordialité : Je vous remercie de tout ce que vous avez fait. J'ai été peiné de ne pas reconnaître ces remerciements dans son rapport d'ensemble publié au *Moniteur universel* du 4 janvier 1850, où il ne m'a même pas accordé une mention honorable, et je dus être d'autant plus sensible à cet oubli qu'on venait de me remercier de la manière que l'on sait [1]. En revanche, je conserve précieusement les lettres d'éloge et de sympathie que M. le général Charon, gouverneur général de l'Algérie, le colonel Carbuccia, et une foule d'autres officiers moins élevés en grade, mais très bons juges aussi, ont bien voulu m'écrire.

A l'égard du combat que je viens de raconter, le rapport de M. le général Herbillon s'exprime ainsi :

« Le 25 octobre, les habitants firent une sortie si vive sur les hommes employés à la coupe des palmiers que nous laissâmes une caisse de tambour et des outils entre leurs mains. Je fus obligé d'appeler les troupes du camp pour assurer la retraite. »

Comme on l'a vu, nous avions été attaqués par les gens de Lichana, qui n'étaient nullement assiégés ; il n'y avait donc pas eu de sortie proprement dite. La retraite fut ordonnée par le général, et le général, ce me semble, aurait pu le dire, d'autant mieux qu'il pouvait avoir d'excellentes raisons de la prescrire, entr'autres le peu d'importance du résultat que nous aurions obtenu en prolongeant le combat. Ce résultat

[1] Voyez aux Pièces justificatives ma lettre à la *Patrie*, du 5 janvier 1850.

n'aurait pas été en rapport avec le nombre des troupes employées, que les soutiens, à la fin de l'engagement, avaient porté à un chiffre très considérable. Je ne sache pas qu'il y ait eu de caisse ni d'outils tombés aux mains des Arabes; mais il n'est pas impossible qu'il en soit resté sur le terrain, ce qui n'est certes pas la même chose. Quant à la caisse, les états nominatifs des morts et des blessés, qu'on peut voir aux Pièces justificatives, constatent qu'aucun tambour ne fut atteint, et, si je me souviens bien, on disait au camp qu'elle avait été abandonnée par un tambour du bataillon d'Afrique, qui grappillait des dattes. Maintenant, les travailleurs ont-ils abandonné des haches? s'ils l'ont fait, ils sont inexcusables, car nos tirailleurs les ont constamment couverts, et les Arabes, contenus par nous, n'ont pu arriver jusqu'à eux. Qu'on me passe ces particularités; elles paraîtront insignifiantes, mais on comprendra ma surprise (si quelque chose pouvait étonner dans ce bas monde) de voir que pas le moindre éloge ne m'a été décerné, et que l'occasion d'une espèce de blâme semble avoir été cherchée dans des détails peu dignes de figurer dans un rapport général.

Pendant que nous combattions du côté de Lichana, la sape de droite, comme je l'ai dit, était audacieusement assaillie à la tranchée. Les Arabes, sortis de Zaatcha, suivis par des femmes qui les excitaient, et bravaient héroïquement la mort, avaient mis tant d'acharnement dans leur attaque, qu'on en tua plusieurs à deux pas de nos créneaux, qu'ils cherchaient à prendre. Un, surtout, vint tomber si près, que les voltigeurs du 38me se saisirent de son sabre au moyen d'un tire-bourre de canon, et me l'envoyèrent par le plus ancien soldat de la compagnie. Je le conserve précieusement en souvenir de ces braves et du courageux Arabe mort pour son pays.

On sait que la garde et les travailleurs de tranchée sont relevés toutes les vingt-quatre heures. Sur la demande de mon colonel, notre tour fut prolongé jusqu'au soir, ce qui me donna l'occasion de compléter la journée; car le général étant venu à la *gourbie,* où nous déjeunions, il m'ordonna d'abattre encore des palmiers, cette fois à proximité de la tranchée. Après avoir garni de tirailleurs les murs de deux grands jardins, je les fis complétement raser, sans forte opposition de la part des Arabes, soit qu'ils en eussent assez du combat du matin, soit que le voisinage de nos travaux les tînt en respect. Ils se contentèrent de nous envoyer de loin quelques balles qui ne nous firent pas grand mal; un soldat cependant en fut atteint, et un autre fut blessé par la chute d'un palmier.

Le soir, vers cinq heures, nous retournâmes au camp. Nos tentes et nos lits de cantines nous parurent des palais et des édredons après la tranchée. Les vivres étaient abondants à la colonne; le pain seulement, qu'on faisait venir de Biscara, commençait à manquer, mais du biscuit trempé le remplace, au besoin. L'eau était désagréable, malsaine, et tellement chargée de sels, qu'en ayant passé un litre environ à travers un mouchoir de toile, j'en obtins un résidu qui, séché et approché du feu, crépitait comme du nitre. Le sable, d'une finesse imperceptible, s'infiltrait partout; quelque précaution que l'on prît, tout ce qu'on préparait pour manger en était tellement saupoudré, qu'à chaque morceau on le sentait craquer sous la dent. Je fis l'expérience de placer du papier sur la tablette de ma tente, et bien que j'en eusse bouclé les contre-sanglons pour la fermer complétement, deux heures après le papier était tout couvert de sable. Ces petits inconvénients n'étaient qu'un sujet d'observations ; mais la mauvaise qualité de l'eau incommodait tout le monde, et engendrait même des maladies.

Le lendemain, nos pertes furent douloureusement augmentées par la mort du capitaine Graillet, commandant du génie. Par le plus malheureux des hasards, tandis qu'il dirigeait les travaux à la sape de droite, il fut tué d'une balle qui passa dans l'interstice de deux troncs de palmiers placés en épaulement. C'était un officier jeune, très distingué, et à jamais regrettable ; la veille, j'avais bu avec lui un verre d'eau-de-vie, et dans la conversation que nous eûmes ensemble sur les opérations du siége, je remarquai qu'il était pour les partis les plus vigoureux.

Le 27 se passa sans événement remarquable. Les travaux continuèrent sur le même pied à la tranchée. Les Arabes tiraillèrent plus ou moins toute la journée, et se montrèrent parfois à la lisière de l'oasis, d'où leurs balles arrivaient jusqu'à notre front de bandière. Les carabines à tige de quelques hommes du 5e bataillon de chasseurs à pied, placés derrière des ondulations de terrain, les leur rendaient avec usure.

Un fait remarquable et qui, en ma qualité de nouvel arrivé, m'avait surpris, c'est que notre camp était littéralement encombré d'Arabes ; j'en avais deux, conducteurs du bagage, qui bivouaquaient à la porte de ma tente, si bien que la toile seule m'en séparait. Le scheick El-Arab, je l'ai déjà dit, campait avec nous; ses cavaliers, assez nombreux, l'avaient suivi, et ne cessaient de rendre des services, quoique leurs sympathies pussent bien être ailleurs. Plusieurs fois, ils étaient allés parlementer avec les tirailleurs ennemis ; mais les renseignements qu'ils rapportaient à l'état-major-général devaient lui paraître suspects ; le fait est qu'à aucun prix on ne pouvait se procurer des émissaires sûrs, et telle était, au point de vue arabe, la nationalité et surtout la sainteté de la cause de Zaatcha, que le peu d'intelligences qu'on avait pu établir chez l'ennemi ne pouvaient, tout au plus, être considérées que comme servant aux deux partis.

Nous étions sans nouvelles d'Alger. Le courrier qui portait les dépêches du gouverneur, et qui devait avoir mes lettres de Paris, venait d'être enlevé par les Arabes. Nous approchions à grands pas de l'époque qu'avant de quitter Paris j'avais fixée pour mon retour à l'Assemblée législative, et il n'y avait pas de probabilité que nous touchassions au dénouement de l'expédition. Le général, fermement résolu à ne lever le camp qu'après avoir eu raison de Zaatcha, semblait décidé à ne plus livrer d'assaut, et à attendre des renforts, pour compléter l'investissement de la place et la réduire par le feu de l'artillerie. Chacun comprendra que ce plan, sans doute le meilleur, pouvait nous mener fort loin, et bien qu'il ait été modifié, Zaatcha ayant été pris d'assaut, cet événement final n'a pu avoir lieu que le 26 novembre, sans compter que les opérations successives et secondaires ont prolongé la campagne jusqu'au mois de janvier.

On a vu à quelles conditions j'avais consenti à y prendre part, conditions tellement nettes et incontestées jusqu'alors, que l'idée ne me vint seulement pas qu'on pourrait me disputer le droit de revenir siéger au palais législatif quand je le jugerais convenable. Plusieurs sujets de juste mécontentement et de profond dégoût me maintenaient dans ma résolution. D'une part, on avait failli à la promesse dont l'accomplissement eût compensé, pour moi, l'inconvénient de servir au titre étranger. Je veux parler du commandement de compagnies d'élite, qu'on m'avait assuré à Paris, et au sujet duquel aucun ordre n'avait été transmis ni à Alger, ni à la colonne. D'autre part, des bruits offensants, universellement répandus au camp, et dont on pourrait trouver la source dans les lettres de personnes occupant de hautes positions, me désignaient comme *envoyé en punition en Afrique* (je dis le mot comme on me l'a répété, quelque impertinent et stupide qu'il soit). Sans doute, c'était le dernier degré de l'absurdité que de supposer qu'un homme honoré d'un mandat souverain et inviolable pût être *envoyé en punition* par qui que ce soit; mais, si on réfléchit bien, on comprendra la créance que jusqu'à un certain point pouvaient obtenir des inventions par lesquelles on me représentait comme l'objet d'une sorte de disgrâce domestique, fondée sur mes opinions peu gouvernementales. Ce qui me paraissait ajouter du poids à ces manœuvres, c'était la nouvelle que, sans doute, on ne se serait pas amusé à répandre gratuitement, qu'après la campagne on me destinait au commandement du cercle de Biscara, comme si dans l'état actuel des choses ces fonctions permanentes avaient pu me convenir, et comme s'il avait dépendu de quelqu'un, sous quelque prétexte que ce fût, de me reléguer, sans me consulter, au fond du Désert, en échange du poste législatif que la sympathie et la confiance de deux départements m'ont assigné.

Indigné d'être ainsi traité par ceux-là mêmes à qui j'étais le plus disposé à me dévouer, rebuté par d'aussi nauséabondes menées, la cordialité de mes chefs militaires, et en général de tous les officiers du camp, ne modifia point mon projet primitif. Décidé à partir, j'en avais parlé à mon colonel et au général, lorsque celui-ci voulut bien me charger, pour M. le général Charon, d'une mission indiquée dans une dépêche qu'il me fit l'honneur de me communiquer, et qu'il me confia, le 29 au soir, avec l'ordre qu'on peut voir aux Pièces justificatives. Le but principal de cette mission était de hâter l'arrivée des renforts qu'il attendait, et qui, demandés par la voie de terre au moment où les communications n'étaient rien moins que sûres, auraient pu tarder encore longtemps à le rejoindre, sans la diligente prévoyance de M. le gouverneur général.

M. le général Herbillon, aux éminentes qualités duquel je serai toujours heureux de rendre hommage, malgré l'oubli où il m'a laissé dans son rapport d'ensemble, a été, pour moi, spontanément bienveillant; je ne doute pas qu'il me rendra la justice de rappeler, au besoin, la résolution que je lui manifestai de ne pas partir, malgré les graves et nombreux motifs que je lui exposai, dans le cas où, contrairement à ce qu'il avait décidé pour lors, un assaut eût été à prévoir dans un délai rapproché. C'est ici l'endroit de répondre à certaines gens qui auraient dû s'informer au moins des faits, des distances, des dates, avant d'insinuer cette outrageante assertion que j'aurais quitté la colonne la veille d'un assaut. D'assaut il n'était pas question alors; il a été livré un mois après, et il est à présumer que je ne m'y fusse pas trouvé, quand même j'aurais été encore en Afrique, mon régiment ayant été dirigé sur Biscara quinze jours avant la prise de Zaatcha.

Un autre propos infâme, dont personne n'a osé prendre vis-à-vis de moi la responsabilité, mais que j'ai appris avoir été tenu tout bas, un de ces propos qui ne seraient que ridicules, s'ils n'étaient odieux, c'est celui qui attribuait mon départ *à ma crainte du choléra.* En vérité, on rougit de s'arrêter à des accusations anonymes aussi saugrenues, et c'est se ravaler que d'y répondre, mais il n'est peut-être pas superflu que mes charitables Basiles sachent :

D'abord, que, devant Zaatcha, quand j'en suis parti, il n'y avait point de choléra, et on était si loin de le craindre, que l'on considérait le camp comme un refuge pour les troupes, à cet égard. Le choléra y fut apporté par la colonne de M. le colonel Canrobert; à mon départ, non-seulement on ne savait pas qu'elle en fût attaquée, mais on ignorait même sa prochaine arrivée. A Marseille, à Toulon où le choléra faisait des ravages réels et où je m'arrêtai deux jours; à Alger, à Philippeville, à El-Arrouch, je ne sache pas que cette maladie, qui d'ailleurs est rarement contagieuse, ait modifié un instant mes plans de voyage. Et si les actions d'un proscrit n'étaient pas naturellement peu connues, on saurait qu'aux États-Unis, à Malte et ailleurs, on se souvient de mes visites aux cholériques; et à Paris même, si la haine aveugle ne repoussait pas toute information, on trouverait d'honorables citoyens qui ont vu mourir dans mes bras, il n'y a pas encore bien longtemps, un de mes amis, M. Piebault d'Ajaccio, enlevé en quelques heures par le choléra.

Mais assez de ces dégoûtantes et viles calomnies, qu'un soldat et un homme de cœur préférerait avoir à relever autrement qu'avec la plume.

Le paquebot d'Alger devant appareiller de Philippeville le 6 novembre, mon départ de Zaatcha fut fixé au 30 octobre. Le 28 et le 29, mon régiment fut encore de service à la tranchée; mais comme nous nous y rendîmes sans musique, suivant les prescriptions réglementaires[1], nous y arrivâmes sans avoir personne hors de combat. Le commandant de Laurencez et son bataillon étaient de garde avec nous. Ce sont d'excellents compagnons, aussi braves que gais. Goise, le zouave qui s'était fait remarquer le 25, demanda au colonel la permission de *vexer l'Arabe*, et montant sur le terre-plein de la batterie Petit, il se mit à parodier les chants du pays de la façon la plus amusante.

Les mêmes circonstances que j'ai déjà décrites se renouvelèrent ce jour-là et le lendemain. Les cheminements avançaient, quoique lentement; l'artillerie s'occupait de mettre deux nouvelles pièces en batterie à l'extrême droite; son feu fit s'écrouler avec fracas, dans un nuage de poussière, une des tours de Zaatcha; les coups de fusil et de tromblon des défenseurs continuaient, et nos soldats, mieux défilés à mesure que les travaux avançaient, les leur revalaient.

La nuit, nous eûmes une alerte plus vive que la dernière fois. L'officier de garde à la sape de gauche vint nous avertir que le léger blindage qui la recouvrait paraissait céder sous les pierres que les Arabes, abrités par un renfoncement du sol, à quelques pas de nous, ne cessaient de lancer. La fu-

[1] Article 202 de l'ordonnance du 3 mai 1832.

sillade éclata ; nous accourûmes, le colonel, M. de Laurencez et moi, mais, même de la tête de la sape, il nous fut impossible d'apercevoir un seul des ennemis, que nous entendions cependant parler entre eux à voix basse. L'endroit où nous étions était, comme toute la tranchée, dominé par des palmiers, mais les Arabes ne s'avisèrent point de renouveler la ruse, dont mon colonel avait failli être victime. Du reste, nous étions sur nos gardes ; nos factionnaires, collés contre l'épaulement, le genou en terre, la baïonnette au canon, le doigt sur la détente, auraient bien reçu les audacieux qui se fussent offerts à eux. Un coup d'obusier à balles fut tiré, mais je crois qu'il passa au-dessus de la tête des Arabes. Aucun ne se montra, et pour ne pas rester inactifs, nous leur renvoyâmes quelques-unes de leurs pierres. Nous sentîmes alors combien des grenades nous eussent été utiles, mais il n'en existait pas une seule à la tranchée, ni au camp. Tout ce que nous pûmes faire, ce fut de placer quelques zouaves à la batterie Petit, d'où l'on pouvait, en tirant obliquement, flanquer jusqu'à un certain point la tête de la sape, non sans risquer de blesser nos sapeurs. Pour obvier à cet inconvénient, et pour toucher l'ennemi dans l'obscurité, on choisit les hommes les plus adroits. De retour à la *gourbie* du colonel, il ne se passa pas longtemps sans que j'entendisse les cris d'un Arabe, qui, atteint par nos balles, se plaignait d'une voix lamentable. Je demandai la signification de ses paroles à l'interprète du colonel, qui me les traduisit ainsi : « *Roumis* (chrétiens), disait le malheureux blessé, que vous avais-je fait pour me traiter ainsi ? mon sang coule, mais je suis content de mourir pour ma patrie et pour ma religion ! » Pourquoi la nature de cette guerre impitoyable nous empêchait-elle de tendre une main sympathique et secourable au brave qui, sous l'étreinte de la mort, proclamait de si hauts sentiments!

Cet usage de se plaindre ou de nous menacer semblait familier aux défenseurs de Zaatcha. On a vu que parmi eux se trouvaient des hommes qui avaient fait à Alger le métier de portefaix, et souvent, c'est en baragouinant notre langue, qu'ils s'efforçaient de nous adresser des injures ou de nous railler. Comme pour eux tout ce qui n'est pas Arabe ou Français est Juif, ils gratifiaient la Légion étrangère du titre de *bataillon di Jouifs*. Parfois, appelant nos soldats : *couchons*, *Jouifs*, criaient-ils, *oun caporal et quatre hommes en factionne; va te coucher!* Cette dernière injonction était accompagnée d'un coup de feu qui dénotait le genre de couche qu'ils nous souhaitaient.

Relevé le 29 au soir, j'allai, dès que je fus de retour au camp, prendre congé du général et de son chef d'état-major, M. le colonel Borel. En présence des attaques dont j'ai été l'objet, il est bon de rappeler que dans cette entrevue, il fut constaté qu'il y avait, pour lors, beaucoup plus de risques à courir en quittant le camp qu'en y restant. Le chemin de Batna était journellement inquiété et parfois intercepté par de nombreux coureurs ennemis, qui venaient d'y commettre maints assassinats, et le général s'était vu dans la nécessité d'envoyer à Biscara M. le colonel de Mirbeck, avec de la cavalerie, pour maintenir les communications. Du camp à Biscara, j'avais un convoi de blessés et de malades à conduire, avec une escorte suffisante, mais de cette place à Batna, on ne pouvait me donner que quelques cavaliers. Le colonel Borel doutait que je pusse arriver à ma destination, et je me séparai de lui et du général, en leur promettant que je passerais à tout prix.

Le lendemain, de bonne heure, je fis mes adieux, non sans émotion, à mon excellent colonel et à MM. les officiers de la Légion, et je partis à la tête du convoi, avec mon adjudant-major, M. Bataille, aujourd'hui chef de bataillon, qui se rendait à Batna. Notre allié le marabout Si-Mokran, dont j'ai déjà parlé, se joignit à nous avec une douzaine de cavaliers. Nous marchions lentement, à cause de la longue file de mulets d'ambulance qui portaient nos blessés et nos malades dans des cacolets, ou bien dans des lits parfaitement adaptés aux bâts, pour ceux à qui leur état ne permettait pas de garder une position perpendiculaire. Ce système de transports est admirablement entendu ; il est toujours praticable dans toute espèce de terrain, et il peut devenir rapide en cas de nécessité absolue. Les lits, il est vrai, ont l'inconvénient de prendre, suivant la pente du sol, des inclinaisons diverses, qui, parfois, laissent la tête du blessé beaucoup plus bas que les pieds. Cela doit être douloureux et d'autant plus dangereux qu'on ne place dans les lits que les hommes gravement atteints ; mais on pourrait, je crois, remédier à cette imperfection par un système de bascule, au moyen duquel le lit serait toujours maintenu dans la même direction. Quoi qu'il en soit, ce mode de locomotion, pour les ambulances, est le plus militaire, le plus expéditif et le plus universellement applicable qu'on puisse imaginer.

Nous fîmes halte aux deux tiers du chemin, et nous arrivâmes de bonne heure à Biscara, où je trouvai M. le colonel de Mirbeck, qui me retint à dîner. J'allai voir les blessés alités à la casbah, parmi lesquels étaient les capitaines Butet et Touchet, blessés sous mes ordres le 25. Le premier allait déjà beaucoup mieux, et je l'ai revu depuis à Paris. La blessure du second était plus grave, et l'on m'a assuré qu'il en souffre encore. Je revis également le brave commandant Guyot, filleul de l'empereur, mais, hélas! dans quel état! La plaie suppurait abondamment par la bouche et répandait une odeur corrompue qui me fit craindre pour sa vie. Je quittai, les larmes aux yeux, cet intrépide officier, pour qui la parité de grade et les autres raisons que j'ai signalées m'inspiraient le plus vif intérêt. En lui serrant la main, je fis des vœux pour que ce ne fût pas la dernière fois; mais il était écrit qu'ils demeureraient stériles, et que l'armée regretterait un de ses plus nobles enfants.

Le 31, dès que le jour commença à poindre, je me mis en route avec un détachement de chasseurs et spahis, aux ordres de MM. d'Yanville et Lermina. Pour arriver à temps à Philippeville, y prendre le bateau à vapeur d'Alger, et afin de dérouter les partis ennemis, nous doublâmes l'étape. A El-Outaïa, où nous fîmes halte, Déna et quelques-uns de ses spahis bleus, dont j'avais déjà eu lieu de reconnaître l'utile intelligence, accrurent mon escorte. Le soir, nous étions à El-Kantara, après avoir fait cinquante-huit kilomètres dans la journée. Nous reçûmes l'hospitalité du caïd, et nous passâmes la nuit sous la sauvegarde de sa fidélité.

Le lendemain, même journée. Notre halte se fit à El-Ksour, où Déna nous quitta. Je lui donnai en souvenir un pistolet à deux coups dans le même canon, dont il avait remarqué la justesse en me voyant tirer un corbeau pendant la marche.

Nous arrivâmes à Batna fort avant dans la nuit ; nous avions parcouru une double étape de soixante-onze kilomètres.

M. le lieutenant-colonel de Caprez me reçut avec sa cordialité accoutumée, et m'installa dans le quartier de M. le colonel Carbuccia. Il m'apprit que je rencontrerais, avant d'arriver à Constantine, une partie des renforts attendus à la colonne. Le lendemain, avec M. Osman, jeune lieutenant indigène, et quelques-uns de ses spahis, j'allai coucher à Aïn-Yagout.

Le surlendemain, 3 novembre, près du lac salé dont j'ai parlé, nous fîmes une chasse fort singulière. M. Osman ayant aperçu, fort loin dans la plaine, une hyène qui se dirigeait vers les montagnes à droite, deux ou trois de nos spahis se mirent à sa poursuite. Ils la rejoignirent bientôt et lui tirèrent, sans l'atteindre, plusieurs coups de fusil. Mettant le sabre à la main, un de ces cavaliers lui porta alors un coup de pointe, qui la blessa très légèrement ; mais le cheval de cet homme s'étant abattu en même temps, il se trouva sur l'hyène, qu'il maîtrisa sans en être mordu. Nous accourûmes tous ; à l'aide de ses camarades, qui avaient mis pied à terre, il la musela avec des cordes. Attachée par le cou à une courroie de charge, elle marcha quelque temps devant lui, et comme elle nous embarrassait, on la tua avec un couteau. Quoiqu'elle fût énorme, elle paraissait saisie de terreur, elle ne poussa pas un cri, et n'opposa pas la moindre résistance. Je savais que ces animaux ne sont pas très dangereux ; mais je fus étonné et presque touché de la mansuétude de notre capture. Sa fourrure était fort belle, mais, usée par les cordes qui nous avaient servi à la fixer sur le bât d'un mulet, je ne pus la conserver. Les spahis, à ma surprise, mangèrent la viande au bivouac du soir.

Après cette chasse, nous rencontrâmes une colonne de renforts qui allait rejoindre le général Herbillon. A sa tête étaient M. le lieutenant-colonel de Lourmel et d'autres officiers supérieurs, circonstance bonne à retenir pour le moment où il sera question de la réponse que me fit M. le ministre de la guerre à la tribune de l'Assemblée.

Arrivés à Aïn-Mélilla, où nous passâmes la nuit, nos spahis nous donnèrent le spectacle de quelques jeux du pays. D'abord, ce fut une espèce de danse, pour laquelle des couples se forment, en se donnant le bras; un des deux partenaires se voile le visage et représente une fiancée, l'autre le prétendu; les couples défilent devant le spectateur, en se dandinant et en chantant à la moresque sur un air monotone. Un second jeu consiste à placer un homme, accroupi et entortillé dans son bournous, sous la protection d'un autre qui se tient debout derrière lui, et lui appuie les mains sur les épaules, prêt à lancer des coups de pied à ceux qui l'attaquent. Le premier est *le mouton*, le second *le chien*, les autres joueurs sont *les chacals*, et il leur est permis de porter force coups au mouton, ou de le tirer par son bournous pour le faire tomber, mais ils ont à se garer du chien, contre lequel ils n'ont d'autre recours que de lui saisir le pied avant qu'il les frappe. Ces exercices paraissaient égayer beaucoup nos spahis, et pour moi, il n'était pas sans intérêt de voir la naïveté de ces braves gens qui s'amusent comme des enfants et se battent comme des hommes.

Le 4, M. Osman retourna avec eux à Batna, et je continuai ma route. A peu de distance d'Aïn-Mélilla, je rencontrai de nouveaux renforts. A Constantine, où je fus rendu avant le soir, M. le général de Salles m'apprit que M. le colonel Canrobert devait, sous peu, effectuer sa jonction avec la colonne de Zaatcha, et que le 8e bataillon de chasseurs à pied, campé aux portes de la ville, allait aussi se mettre en marche pour les Ziban, ce qui portait à plus de 3,000 hommes la totalité des renforts envoyés au général Herbillon. Celui-ci n'en demandait pas davantage pour terminer ses opérations.

Je reçus à Constantine, dans la maison de M. le docteur Ceccaldi d'Evisa, chirurgien principal, l'hospitalité la plus affectueuse, et le 5 au matin, je partis pour Philippeville. Le bateau à vapeur d'Alger partait le lendemain; un autre était attendu qui devait appareiller le 8, directement pour Marseille. Les renforts assurés, le but principal de ma mission étant de hâter leur arrivée, elle se trouvait remplie, et il devenait inutile de faire une double traversée, et de passer par Alger. Je résolus donc de partir par le bateau du 8; j'écrivis, dans ce sens, au gouverneur général, et je lui expédiai immédiatement mon ordonnance, avec ma lettre et la dépêche du général Herbillon. La réponse que j'ai reçue, loin d'exprimer aucun blâme, est très aimable et honorable pour moi. On ne comprendrait pas, en effet, qu'on se soit plu à dénaturer une chose aussi simple, si depuis longtemps l'esprit de parti n'était pas en guerre ouverte avec l'impartialité et la bonne foi [1].

Le 7, les Corses résidant à Philippeville m'offrirent un banquet. C'étaient des soldats, des négociants, des marins; réunion touchante qui, sur le sol d'Afrique, me rappelait

[1] Voyez aux Pièces justificatives mes interpellations au ministre de la guerre.

l'accueil sympathique de l'île paternelle, à qui ma famille doit tant!

Le 8, je m'embarquai sur le *Sphinx*, pyroscaphe de la compagnie Bazin, commandant Bonnefoi. Le temps était gros et le vent contraire; mais, grâce à l'habileté et à la vieille expérience de notre bon capitaine, nous touchâmes à Marseille dans la nuit du 10 au 11.

A Paris, où j'arrivais très irrité de la position que l'on m'avait faite en Afrique, contrairement aux promesses que j'avais reçues, on avait déjà répandu, sur mon retour, les interprétations les plus malveillantes. Un journal ministériel avait publié un article injurieux, et d'autres, sans même s'enquérir des faits, ne m'avaient pas épargné. Cependant, comme le ministère qui avait présidé à mon départ n'était plus en fonctions, je crus devoir une visite au ministre de la guerre, pour lui offrir un rapport circonstancié que j'avais préparé sur la situation de la province de Constantine. M. d'Hautpoul se montra très affable, et comme il m'interrogeait sur mon retour, et qu'il paraissait ignorer dans quels termes j'avais consenti à faire acte de présence en Algérie, j'entrai dans quelques développements, et je lui parlai *incidemment* de l'ordre du général Herbillon, prescrivant mon départ de Zaatcha pour Alger. Il demanda à le voir. Voulant maintenir intact mon droit de représentant du Peuple, je lui déclarai d'abord que je ne m'y croyais pas obligé; mais comme il y mettait une certaine insistance affectueuse et parfaitement convenable, je consentis à le lui communiquer. En le voyant, il s'écria, à plusieurs reprises, non pas comme il l'a dit à la tribune: *Cet ordre vous couvre,* mais: *Vous êtes parfaitement en règle;* et il me pria de le lui laisser, pour le montrer au président de la République, qu'il m'engageait fortement à aller voir. Sous l'impression de mon juste ressentiment de la manière dont j'avais été traité, il ne pouvait entrer dans mes vues de me présenter à l'Élysée, et c'est probablement ce qui a rendu possible un scandale que je déplore et que j'ai la conscience de ne pas avoir provoqué. Ma lettre à *la Patrie*[1], dont a parlé M. d'Hautpoul, n'était qu'une réponse aux attaques dont j'avais été l'objet, et dont certains organes de la presse gouvernementale ne s'étaient pas fait faute. La conviction qui résulte pour moi de mon entrevue avec le ministre de la guerre, c'est que, bien qu'il ait assumé la responsabilité de l'affront public qui m'a été fait, c'est à d'autres qu'il doit être attribué. Des informations ultérieures m'ont prouvé que je ne m'étais pas trompé.

Quoi qu'il en soit, je reçus, le lendemain, avec une lettre du général Bertrand, directeur du personnel, le décret qui parut le surlendemain au *Moniteur*, signé Louis-Napoléon Bonaparte, et portant en tête la devise : Fraternité ! Sa légalité, de l'avis de bien des personnes compétentes, aurait pu être contestée sous plus d'un rapport, mais ayant, en tout cas, l'intention de donner au gouvernement ma démission, je ne crus pas devoir lui disputer mon épaulette *au titre étranger*. On peut voir, aux Pièces justificatives, ces divers documents, ainsi que ma réponse au général Bertrand, que plusieurs journaux ont reproduite.

On y trouvera aussi le texte, d'après le *Moniteur*, de mes

[1] Voyez aux Pièces justificatives.

interpellations qui eurent lieu à l'Assemblée nationale, le 22 novembre, et celui de la réponse de M. d'Hautpoul.

En terminant, on me permettra quelques courtes observations au sujet de ce discours du ministre de la guerre. N'était-il pas, au moins, étrange de venir dire sérieusement à l'Assemblée, qu'à ma place, ayant rencontré les renforts, il se serait mis à leur tête, il serait parti avec eux, et, le lendemain, il serait monté à l'assaut de Zaatcha!! Je transcris littéralement ses expressions, mais c'est à ne pas y croire! Comment, moi, officier au titre étranger, j'aurais donné des ordres à des troupes ayant à leur tête des lieutenants-colonels et des chefs de bataillon au titre français? Mais ils m'auraient *envoyé promener*, et ils auraient bien fait! M. d'Hautpoul, ce jour-là, semblait avoir oublié les rudiments de la hiérarchie militaire, et les droits au commandement que, même à parité de grade, un officier étranger ne peut exercer vis-à-vis d'un officier au titre français[1].

Et que dire de cette prétention de monter à l'assaut le lendemain? D'abord, les renforts étant séparés de Zaatcha par une distance de plusieurs journées de marche, le plus grand foudre de guerre, à moins d'être Josué, n'aurait pu accomplir le miracle dont parlait l'honorable général. Laissant de côté cette *légère* erreur géographique, qu'aurait dit le général en chef si, m'arrogeant ses prérogatives, j'étais venu lui prescrire un plan, ou tenter une opération quelconque sans prendre ses ordres? Et avec quoi l'aurais-je tentée, qui m'aurait obéi, ou plutôt *ne m'aurait-on pas pris pour fou?* C'est dommage

[1] Article 3 de l'ordonnance du 3 mai 1832.

d'entendre un homme respectable débiter de pareilles excentricités, et n'a-t-il pas fallu que les esprits fussent bien prévenus, pour les écouter sans sourciller? D'ailleurs, l'ordre formel de mon général n'était-il pas de me rendre à Alger, et si j'eusse désobéi, fût-ce pour retourner à Zaatcha plutôt qu'à l'Assemblée nationale, M. d'Hautpoul *ne m'eût-il pas traduit devant un conseil de guerre, ou, tout au moins, révoqué de mon grade, et, qui plus est, de mon emploi, quand même je n'en aurais pas eu?*

M. d'Hautpoul, dans son discours, accordait beaucoup à mon nom, et il venait déclarer, en même temps, que ce nom et les longues persécutions qu'il a attirées, ne valaient pas la peine de naturaliser mon épaulette, ni d'arrêter une mesure qui certes n'était pas empreinte d'aucun esprit de famille.

Enfin, lorsque, tout en commettant de si singulières méprises, il me reprochait de ne pas avoir *consulté mon cœur de soldat,* on comprendra que si j'avais voulu descendre à des personnalités, rien ne m'eût été plus facile; mais je crus, et je crois encore, que cela ne m'eût pas convenu envers un ministre et un vieux général.

Quoi qu'en dise le *Moniteur*, il n'est pas exact que l'Assemblée presque entière se soit levée contre l'ordre du jour que je présentai [1]. Au contraire, la gauche presque entière, et cela m'importe beaucoup, s'abstint de prendre part au vote, malgré la position délicate que ma susceptibilité à l'endroit de Louis-Napoléon m'avait faite dans l'opinion de la plupart de ses honorables membres.

[1] Voyez aux Pièces justificatives.

Quant à mes autres collègues, je prendrai la liberté de leur exposer avec le profond respect que je dois à une fraction si importante de la souveraineté nationale, que mon mandat je ne le tiens pas d'eux, mais des citoyens des départements qui m'ont élu, et que je ne me crois nullement tenu de conformer mon opinion à celle de la majorité. Cette opinion, fût-elle individuelle, elle pèse dans la balance, du poids d'un vote libre, consciencieux et sans contrôle.

Nulle part, je n'ai vu dans la Constitution, ni même dans la loi électorale, qu'en acceptant une mission temporaire, un représentant abdique l'indépendance de son caractère, et perde le droit de revenir prendre part aux délibérations législatives quand il le juge nécessaire ou seulement opportun. J'y vois, plutôt, comme je l'ai fait remarquer à la tribune, que s'il n'est pas revenu avant l'expiration du délai de six mois fixé par la loi, son mandat de représentant est périmé de droit. Ainsi donc, si, en Algérie, ou même plus loin, il était obligé d'attendre le bon plaisir du gouvernement, celui-ci pourrait lui faire perdre à dessein sa haute qualité, soit en lui refusant l'autorisation de retour, soit en tardant simplement à l'envoyer [1].

On a dit qu'un représentant était libre d'accepter ou non

[1] L'article 28 de la Constitution dit : « Toute fonction publique rétribuée est incompatible avec le mandat de représentant du peuple. Les exceptions seront déterminées par la loi électorale organique. » L'article 85 de cette loi dit : « Sont exceptés de l'incompatibilité les citoyens chargés temporairement d'un commandement ou d'une mission extraordinaire, soit à l'intérieur, soit à l'extérieur. Toute mission qui aura duré six mois cessera d'être réputée temporaire. »

une mission du gouvernement. Sans doute, et ce n'est pas bien profond ; mais, sous les phases variées de notre politique, ce qui convient aujourd'hui peut fort bien ne pas convenir dans quinze jours, ou même demain. Il ne faudrait pas chercher bien loin pour trouver deux honorables représentants qui avaient accepté de hautes missions sous le ministère Barrot-Dufaure, et qui les ont résignées à l'avénement du ministère *d'action*.

Je ne disconviens pas que l'alternative résultant des dispositions que je viens de citer ne soit un argument péremptoire en faveur des incompatibilités, et, pour ma part, je les ai votées presque toutes. Je comprends encore que ceux qui ne veulent pas que ces incompatibilités soient inscrites dans la loi repoussent mon argumentation ; mais je maintiens que l'esprit de notre pacte fondamental est, qu'en droit et en thèse générale, un représentant du Peuple reste toujours libre de reprendre une position qui, en définitive, ne relève que de la nation ; et je ne voudrais pas affirmer qu'une révision même de la loi électorale pourrait faire disparaître, dans le sens de la majorité, une lacune qu'on ne peut combler ainsi, sans porter atteinte aux principes.

Pour moi, après le coup que Louis-Napoléon a porté à un de ses plus proches parents, à un neveu de l'empereur, au fils de Lucien, au représentant de la Corse, je n'aurais pas osé paraître à la tribune nationale, si je n'avais été fort de ma *conscience* et de mon *droit*. De ma *conscience*, parce que, tant que j'ai été en Afrique, j'ai fait mon devoir non-seulement

6.

d'officier, mais de soldat; de mon *droit,* parce qu'en toute sincérité, je ne puis reconnaître à personne la faculté de prescrire les fonctions suprêmes que les membres du Pouvoir Législatif tiennent du Peuple.

PIÈCES JUSTIFICATIVES.

N° 1. — Lettre de Louis Blanc.

RÉPUBLIQUE FRANÇAISE.

LIBERTÉ, ÉGALITÉ, FRATERNITÉ.

Palais national du Luxembourg.

A Pierre-Napoléon Bonaparte.

Citoyen,

C'est avec un plaisir extrême que je vous fais part de la décision prise à votre égard par le Gouvernement provisoire. Nous venons de vous nommer chef de bataillon dans la Légion étrangère, bien convaincus que votre intention formelle est de mettre au service exclusif de la République les fonctions confiées à votre loyauté par le gouvernement républicain.

Faire servir à l'établissement, à la consolidation, au triomphe complet de la liberté, le prestige attaché au grand nom de Napoléon, c'est se montrer digne de porter un tel nom et bien mériter de la patrie. Le temps des prétentions dynastiques est passé à jamais. La glorieuse révolution qui vient de s'accomplir a définitivement coupé court au régime de la royauté et de tout ce qui lui ressemble.

C'est parce qu'il vous sait pénétré de cette conviction, imbu de ces sentiments, que le gouvernement provisoire vient de vous donner une marque de confiance qu'en ma qualité de Corse je suis heureux de vous annoncer.

Salut et fraternité,

Le 15 avril 1848.

LOUIS BLANC,
Membre du Gouvernement provisoire.

N° 2. — Pétition à la Constituante.

Citoyens Représentants du peuple,

Le lendemain de Février, accouru de l'exil pour offrir mes services à mon pays, j'ai accepté avec une profonde reconnaissance, des mains des fondateurs de la République, le grade de chef de bataillon au 1er régiment de la Légion étrangère. J'étais autorisé à le regarder comme un état transitoire devant amener ma mutation dans un régiment français.

L'intention de M. de Lamartine, et après lui, celle de M. le général Cavaignac, était de demander à l'Assemblée nationale une décision à cet égard. Elle était nécessaire, en présence de la loi du 14 avril 1832 sur l'avancement. A part toute autre considération, ces hauts fonctionnaires de la République avaient pensé qu'une exception paraîtrait fondée en ma faveur, puisque l'exil dont ma famille était frappée m'avait seul empêché soit de satisfaire à la loi de recrutement, soit d'entrer dans une école militaire. Ce qui corroborait encore ces considérations, c'étaient les demandes réitérées de servir dans l'armée d'Afrique, que, depuis douze ans, je n'avais cessé d'adresser au gouvernement déchu, et que les maréchaux Soult et Sébastiani m'ont offert d'attester au besoin.

Après l'élection de mon cousin à la présidence de la République, et sans parler de ses intentions fraternelles, je pouvais croire que le gouvernement issu de l'élection du 10 décembre ferait pour moi la proposition favorable que Lamartine ou le général Cavaignac eussent faite. Le gouvernement n'a pas cru devoir prendre cette initiative ; et si je ne pouvais avoir recours à vous, citoyens représentants, je me verrais frappé, j'en conviens, dans mes espérances les plus chères, espérances que je n'avais pas abandonnées, même dans l'exil ; car un soldat de mon nom ne renonce pas facilement à servir dans les rangs de l'armée française.

La Légion étrangère, je le sais, a glorieusement conquis une haute réputation militaire. Je m'honorerai toujours d'avoir appartenu au corps de ses braves officiers ; mais peut-être n'est-ce pas une prétention exorbitante de ma part que d'espérer d'être enfin admis autrement qu'à titre d'officier étranger. Je m'étais dit qu'un neveu de notre grand capitaine, un fils de Lucien Bonaparte, un proscrit des Bourbons, n'avait pas à craindre que le coup dont une loi de proscription l'a frappé ricochât, pour l'atteindre encore, sur le terrain de la République.

L'élévation d'un autre neveu de l'empereur Napoléon à la magistrature suprême de l'État semblait m'assurer de plus en plus qu'on ne me refuserait pas une simple mutation qui ne ferait de tort à personne, puisque mon emploi actuel peut être rempli par un chef de bataillon au titre français.

Pour sortir de la position anormale où je me trouve, je fais un respectueux appel, citoyens représentants, aux mandataires du

Peuple Souverain. Je demande de passer, avec mon grade, dans un de nos régiments français d'infanterie; et, quelle que soit votre décision, croyez que si jamais la République était attaquée, je me réserve bien de combattre pour elle, fût-ce même comme simple volontaire.

Salut et fraternité,

Paris, le 17 mars 1849,

PIERRE-NAPOLÉON BONAPARTE.

N° 3. — États nominatifs des hommes de la Légion étrangère, et du 3e bataillon d'infanterie légère d'Afrique, tués ou blessés le 25 octobre 1849.

3e bataillon d'infanterie légère d'Afrique.

ÉTAT nominatif des hommes tués ou blessés le 25 *octobre* 1849.

NUMÉROS des compagnies.	NOMS.	GRADES.	OBSERVATIONS.
2e	Butet,	capitaine.	Blessé d'un coup de feu à la cuisse droite.
4e	Touchet,	capitaine.	Blessé d'un coup de feu à la poitrine.
2e	Termeuf,	caporal.	Blessé d'un coup de feu au poignet gauche.
Id.	Prudhom,	chasseur.	Tué d'un coup de feu.
Id.	Luyat,	chasseur.	Tué d'un coup de feu.
Id.	Raynard,	chasseur.	Blessé d'un coup de feu à la cuisse.
3e	Doucet,	chasseur.	Blessé d'un coup de feu à l'épaule droite.
Id.	Favry,	chasseur.	Blessé d'un coup de feu au sourcil droit.
4e	Genet,	caporal.	Tué d'un coup de feu à la tête.
Id.	Kerdavid,	chasseur.	Tué d'un coup de feu à la tête.
Id.	Jacquemin,	chasseur.	Blessé d'un coup de feu à la fesse.
8e	Consigny,	caporal.	Blessé d'un coup de feu au flanc gauche.
Id.	Tulpin,	caporal.	Blessé d'un coup de feu au bras droit.
Id.	Dorez,	chasseur.	Blessé d'un coup de feu à la joue gauche.
Id.	Bay,	chasseur.	Blessé d'un coup de feu à la fesse droite.
Id.	Charmier,	chasseur.	Blessé d'un coup de feu à l'abdomen.
Id.	Leroux,	chasseur.	Blessé d'un coup de feu à la jambe droite.

Au bivouac, le 25 octobre 1849.

Le capitaine commandant le bataillon,
DE GOLBERG.

2ᵉ régiment de la Légion étrangère.

ÉTAT nominatif des hommes tués ou blessés le 25 octobre 1849.

DÉSIGNATION des compagnies.	NOMS.	GRADES.	OBSERVATIONS.
Grenadiers du 3ᵉ bataillon.	Nyko,	capitaine.	Blessé d'un coup de feu et d'un coup de pierre.
3ᵉ du 1ᵉʳ bataillon.	Smitters,	sergent.	Tué d'un coup de feu au cœur.
Grenadiers du 3ᵉ bataillon.	Vigueur,	caporal.	Blessé d'un coup de feu.
Idem.	Oehme,	grenadier.	Tué d'un coup de feu à la tête.
Idem.	Martin,	grenadier.	Blessé d'un coup de feu.
Idem.	Schildwaeser,	grenadier.	Idem.
Idem.	Vraiden,	grenadier.	Idem.
Idem.	Selinger,	grenadier.	Idem.
1ʳᵉ du 3ᵉ bataillon.	Got,	sergent-major.	Idem.
2ᵉ du 3ᵉ bataillon.	Vialet,	sergent.	Idem.
Idem.	Pensa,	fusilier.	Idem.

Au bivouac sous Zaatcha, le 25 octobre 1849.

Le chef de bataillon hors cadre, commandant temporaire du 3ᵉ bataillon, P.-N. BONAPARTE.

Nº 4. — Rapport du commandant Bonaparte.

Au camp devant Zaatcha, 25 octobre 1849.

Deuxième régiment de la Légion étrangère.

Mon colonel,

Chargé du commandement de deux cents hommes de la Légion, et de deux cents du 3ᵉ d'infanterie légère d'Afrique, désignés pour abattre des palmiers et protéger ce travail, je me suis porté ce matin, à huit heures, vers la position qui m'avait été indiquée par M. le général Herbillon, commandant en chef.

Nous avons, en arrivant, occupé un mur faiblement crénelé par les Arabes, et de là nous les avons tenus en respect, tandis que nos travailleurs abattaient avec une grande activité bon nombre de palmiers que j'évalue, au moins, à deux cent cinquante.

Les Arabes finirent cependant par se concentrer au saillant formé par le mur avec le reste de notre ligne qui s'étendait jusqu'à la plaine. J'avais, à plusieurs reprises, chargé le capitaine Butet, du 3e d'infanterie légère d'Afrique, de l'observation de ce point important, et il m'en avait répondu, lorsque ce brave et intelligent officier fut atteint d'un coup de feu. Un chasseur de son corps fut tué au même instant. Les Arabes se jetèrent sur le mur, limite de notre ligne, qu'ils n'ont point franchie, malgré les diverses phases du combat. Ils étaient en grand nombre. Ils nous assaillirent avec une grêle de pierres qu'ils lançaient pardessus le mur, et ils finirent par se montrer audacieusement à la crête, d'où ils firent feu de leurs fusils et de leurs pistolets. Nous les reçûmes à coups de fusil. Une réserve de vingt grenadiers de la Légion, sous la conduite du capitaine Nyko, vint, à ma voix, soutenir l'infanterie légère, et assurer la position meilleure, que nous occupâmes immédiatement dans un jardin encaissé, à environ 20 mètres du mur occupé d'abord, position d'où nous n'avons cessé de tenir l'ennemi à distance.

Le point d'appui de la droite de notre nouvelle ligne était, comme vous l'avez pu voir, mon colonel, un petit mamelon où huit à dix grenadiers de votre régiment, électrisés par votre voix et l'exemple du brave sergent Smitters, héroïquement tué dans cette affaire, ont si vaillamment combattu.

Je vous rendis compte de l'utilité d'un renfort qui nous permît de ne pas suspendre l'abattage des palmiers, et ce fut alors que vous fîtes avancer les réserves dont le concours fut si efficace. Pendant ce temps, les grenadiers postés au mamelon susdit, et l'infanterie légère d'Afrique, soutinrent, avec une rare bravoure, les attaques réitérées et acharnées des Arabes. Je ne dois pas oublier de vous dire la gratitude que nous devons à M. le commandant des zouaves qui, au plus fort de l'action, me donna, avec le lieutenant Sentupery, quinze hommes qui vinrent soutenir mes grenadiers. Tous ces braves soldats sont au-dessus de tout éloge. Je dois néanmoins vous signaler les intrépides capitaines Butet et Touchet, du 5e d'infanterie légère d'Afrique, blessés grièvement tous deux, et le capitaine Nyko, des grenadiers de la Légion, atteint d'une balle et d'une pierre à la tête. Nous avons, outre le sergent Smitters, cinq morts, dont un de la Légion, et quatre de l'infanterie légère d'Afrique. Les blessés, sans compter les trois capitaines que j'ai eu l'honneur de vous signaler, sont au nombre de vingt, dont neuf appartiennent à la Légion. Je joins ici l'état nominatif.

Sur l'ordre du général, que vous m'avez transmis vous-même, mon colonel, dans le jardin encaissé où nous combattions, soutenus par l'énergique et habile concours de M. le colonel de Barral à notre gauche, sur votre ordre, dis-je, la retraite s'est effectuée avec une grande régularité par la plaine, et elle était accomplie à midi.

Outre l'abattage des palmiers, notre opération peut être considérée comme étant une attaque très vive sur Lichana, et, sans pouvoir évaluer exactement le mal que nous avons fait à l'ennemi, j'estime qu'il est très considérable et au moins décuple de celui qu'il nous a fait éprouver.

Veuillez agréer, je vous prie, mon colonel, l'expression de mon respect.

Le chef de bataillon temporaire du 2e bataillon du 2e régiment de la Légion étrangère,

P.-N. BONAPARTE.

Vu et approuvé le rapport de M. le commandant P.-N. Bonaparte, qui est complet.

Tranchée, le 25 octobre 1849.

Le colonel faisant fonctions de général de tranchée,

CARBUCCIA.

N° 5. — Rapport du colonel Carbuccia.

Sous Zaatcha, le 25 octobre 1849.

A M. le général Herbillon, commandant la colonne expéditionnaire du Zab.

Mon général,

Vous m'avez, ce matin, envoyé l'ordre, à la tranchée, par M. le capitaine d'état-major Regnault, de vous faire connaître les dispositions prises pour assurer la coupe des palmiers pendant la journée.

Je vous ai fait répondre par lui que j'avais confié à M. le commandant Pierre Bonaparte, du 2e régiment de la Légion étrangère, la mission de procéder à cette opération importante, à la tête de quatre cents hommes, dont deux cents de la Légion et deux cents du 5e bataillon d'Afrique.

Ci-joint, sur les événements importants accomplis dans cette journée, le rapport de cet officier supérieur, dont je suis heureux d'avoir à vous signaler la bravoure téméraire, et le coup d'œil militaire digne du nom qu'il porte. Atteint violemment d'un énorme pavé sur la poitrine, il est resté à son poste, et il a tué de sa main deux chefs arabes, au plus fort de la mêlée, aux applaudissements de la ligne de tirailleurs.

Lorsque M. le commandant Bonaparte m'a rendu compte des difficultés qu'il éprouvait à continuer son opération, je suis part de la tranchée à la tête d'une troupe de soutien et après avoir reçu son rapport verbal, je vous ai fait demander un bataillon de renfort.

M. le commandant Bourtaki, du bataillon de tirailleurs de Constantine, est arrivé sans délai; une de ses compagnies a pris part au feu de la première ligne; le reste a été, sous vos yeux, placé en réserve, et lorsque les Arabes ont eu abandonné leur position pour rentrer à Lichana, nous avons effectué notre retraite, qui a été terminée à midi et effectuée avec le plus grand ordre, sans opposition de l'ennemi.

Le mouvement a été facilité par votre ordre par le feu de deux obusiers amenés sur place par M. le colonel Pariset en personne.

La disposition prise par vous (en faisant coopérer la colonne de M. le colonel de Barral au mouvement de la journée) a été des plus utiles. Les troupes, sous les ordres directs de leur chef qui ne s'est pas épargné dans cette journée et que j'ai vu partout où il y avait du danger, ont empêché le commandant Bonaparte d'être débordé sur sa gauche, et lui ont permis de conserver, aussi longtemps que vous l'avez voulu, des positions aussi difficiles.

Pendant ce temps-là, la sape de droite, gardée dans la tranchée par une compagnie de voltigeurs du 38ᵉ, a été vivement assaillie par un nouveau contingent arrivé dans Zaatcha pendant le combat. Les voltigeurs, avec sang-froid et énergie, ont attendu les Arabes à bout portant ; ils en ont tué cinq et ont mis le reste en fuite.

La conduite des troupes a été admirable de dévouement et d'énergie, aujourd'hui comme toujours, et elle continue à leur mériter l'estime et la reconnaissance de la France et de son président.

Veuillez agréer, mon général, l'hommage de mon respectueux dévouement.

Le colonel du 2e régiment de la Légion étrangère, commandant la subdivision de Batna, faisant fonctions de général de tranchée,

Signé : CARBUCCIA.

N° 6. — Ordre du général Herbillon.

Ordre.

M. le commandant Pierre Bonaparte, chef de bataillon hors cadre, se rendra immédiatement à Alger, auprès de M. le gouverneur général, pour remplir une mission concernant l'expédition de Zaatcha.

Camp de Zaatcha, le 29 octobre 1849.

Le général de brigade, commandant la division de Constantine,

HERBILLON.

N° 7. — Lettre à la *Patrie*.

Paris, 18 novembre 1849.

Monsieur le Rédacteur,

Les commentaires plus ou moins injustes ou malveillants que mon retour d'Afrique inspire à quelques journaux m'engagent à vous prier d'insérer ce qui suit :

Sans parler des convois que j'ai escortés à travers les partis ennemis, je n'ai quitté le camp de Zaatcha, où je suis resté huit jours, qu'après avoir commandé l'attaque du 25 octobre, et avoir été de tranchée le 24, le 25, le 28 et le 29.

Le général Herbillon ayant décidé qu'on ne donnerait plus d'assaut, et qu'on attendrait des renforts pour investir la place, et la réduire par le feu de l'artillerie, l'adoption de ce plan prolongeait les opérations bien au-delà du terme que, même avant mon départ de Paris, j'avais fixé pour ma rentrée à l'Assemblée nationale. Comme représentant du Peuple, j'étais seul juge de l'opportunité de mon retour à mon poste, et je ne dois, à cet égard, aucun compte à personne. Les phases politiques qui viennent de s'accomplir prouvent que je n'avais pas trop mal jugé de cette opportunité.

Au surplus, j'avais tout lieu d'être mécontent de la position que l'absence complète de tout ordre convenable m'avait faite en Afrique. Je n'ai d'ailleurs quitté Zaatcha qu'avec l'ordre formel du général Herbillon de me rendre auprès du gouverneur général, pour presser l'arrivée des renforts qu'il attendait, et c'est parce que je les ai rencontrés en route que je suis revenu directement de Philippeville, au lieu de passer par Alger.

Veuillez agréer, je vous prie, Monsieur le Rédacteur, l'expression de mes sentiments affectueux et distingués.

P.-N. BONAPARTE,
Représentant du Peuple.

N° 8. — Lettre du général Bertrand, et décret du Président de la République.

(Ministère de la Guerre.)

RÉPUBLIQUE FRANÇAISE.
LIBERTÉ, ÉGALITÉ, FRATERNITÉ.

Paris, le 19 novembre 1849, à 9 heures du soir.

Monsieur le Représentant,

Par ordre du Ministre de la guerre, j'ai l'honneur de vous transmettre la copie d'un décret du Président de la République, prononçant votre radiation des cadres de l'armée; ainsi que la pièce signée du général Herbillon, remise par vous au Ministre à votre arrivée à Paris.

Veuillez agréer, Monsieur le Représentant, l'assurance de ma haute considération.

Le général de brigade, directeur général du personnel,
BERTRAND.

RÉPUBLIQUE FRANÇAISE.
LIBERTÉ, ÉGALITÉ, FRATERNITÉ.

Au nom du Peuple français,

Le Président de la République,

Considérant que M. Pierre-Napoléon Bonaparte, nommé, au

titre étranger, chef de bataillon dans le Ier régiment de la Légion étrangère, par arrêté du 19 avril 1848, a reçu, sur sa demande, un ordre de service, le 19 septembre 1849, pour se rendre en Algérie;

Considérant qu'après avoir pris part aux événements de guerre dont la province de Constantine est en ce moment le théâtre, il a reçu du général commandant la division de Constantine l'ordre de se rendre auprès du gouverneur-général de l'Algérie pour remplir une mission concernant l'expédition de Zaatcha;

Considérant qu'il n'a pas rempli cette mission; qu'il ne s'est pas rendu auprès du gouverneur général, mais qu'il s'est embarqué à Philippeville pour revenir à Paris;

Considérant qu'un officier servant en France, au titre étranger, se trouve en dehors de la législation commune aux militaires français, mais qu'il est tenu d'accomplir le service auquel il s'est engagé;

Considérant que M. Pierre-Napoléon Bonaparte, en sa dite qualité, n'était ni le maître de quitter son poste sans autorisation, ni le juge de l'opportunité de son retour à Paris;

Sur le rapport du ministre de la guerre,

Décrète :

Article 1er. M. Pierre-Napoléon Bonaparte est révoqué du grade et de l'emploi de chef de bataillon à la Légion étrangère.

Art. 2. Le ministre de la guerre est chargé de l'exécution du présent décret.

Fait à Paris, à l'Élysée-National, le 19 novembre 1849.

LOUIS-NAPOLÉON BONAPARTE.

Le ministre de la guerre,
D'HAUTPOUL.

N° 9. — Réponse au général Bertrand.

Paris, 19 novembre 1849.

Monsieur le général,

Je reçois votre lettre qui me transmet la copie d'un décret du président de la République prononçant, dites-vous, ma radiation des cadres de l'armée (*sic*). Je vous observerai d'abord que ne faisant pas partie de ces cadres, je ne puis en être radié, mais seulement révoqué du grade, que je ne devais, d'ailleurs, qu'au Gouvernement Provisoire de la République, qui me l'avait conféré avant que je fusse représentant du Peuple à la Constituante, et par conséquent avant l'abrogation de la loi qui privait les membres de ma famille de leurs droits de citoyen.

Je rappellerai que ne m'accommodant nullement, comme représentant du peuple, comme neveu de l'empereur Napoléon, et comme fils de Lucien Bonaparte, de cet état d'officier *au titre étranger*, il y a déjà longtemps qu'à deux reprises différentes j'avais donné ma démission, et que ce n'est que pour céder aux instances réitérées et pressantes du président de la République que je l'avais retirée. Arrivé avant hier à Paris, je me suis rendu hier chez le ministre de la guerre, et je lui ai déclaré que si je ne donnais pas encore, définitivement, ma démission, c'était pour ne point faire de scandale. Il paraît que d'autres n'ont point été arrêtés par cette considération, et si je regrette ma bonhomie qui leur a permis de me prévenir, je ne leur en veux pas autrement, car je suis débarrassé d'une position qui n'était ni normale, ni convenable, et que, sous aucun prétexte, je n'aurais plus gardée longtemps.

Un mot maintenant du décret présidentiel :

Il n'est pas vrai, et cela importe peu, que ce soit sur ma demande qu'une mission en Algérie m'a été donnée. Elle m'a été instamment proposée par le président de la République, comme le prouve la lettre qu'il me faisait écrire par M. Ferdinand Barrot dans les Ardennes, où j'avais été passer le temps de prorogation de l'Assemblée.

En second lieu, il n'est pas vrai que je me sois engagé à remplir un service, dont la durée aurait pu être fixée par le gouvernement. Ma mission qui, d'après la loi électorale organique, n'aurait pu, en tous cas, durer plus de six mois, était temporaire, indéterminée, gratuite et dépendante de ma volonté. On concevrait même difficilement qu'il eût pu en être autrement.

D'un autre côté, mon grade de chef de bataillon au titre étranger ne me dépouillait pas apparemment de mon caractère de membre du pouvoir législatif; et quoi qu'en dise le président de la République, dont les décrets, grâce à Dieu, n'ont pas encore force de loi, j'étais parfaitement le maître de revenir, sans l'autorisation de personne, siéger à mon poste le plus important, à l'Assemblée nationale, et j'étais seul juge de l'opportunité de mon retour. Du reste, le but de la mission que m'avait donnée le général Herbillon était rempli, du moment que les renforts qu'il attendait, et que j'avais rencontrés en marche, étaient assurés.

Enfin, si nos gouvernants avaient nos lois organiques un peu plus présentes à l'esprit, ils sauraient que tout officier, représentant du Peuple, est en non-activité hors cadre, et que la révocation qu'ils décrètent ne peut porter que sur le grade, et non sur l'emploi, puisque je n'en ai pas.

Agréez, Monsieur le général, l'assurance de ma parfaite considération.

PIERRE-NAPOLÉON BONAPARTE,
Représentant du Peuple.

N° 10. — Extrait du compte-rendu de la séance de l'Assemblée législative du 22 novembre 1849, d'après le *Moniteur*.

Interpellations de M. Pierre Bonaparte.

M. le Président. — M. Pierre Bonaparte demande l'autorisation d'adresser des interpellations à M. le ministre de la guerre, sur un décret qui a paru dans le *Moniteur*, et qui révoque M. Pierre Bonaparte du grade militaire qui lui avait été conféré par le Gouvernement provisoire.

Je demande à M. le ministre de la guerre à quel jour il veut que les interpellations soient fixées.

M. le général d'Hautpoul, ministre de la guerre. — Je suis prêt à répondre à l'instant.

M. le Président. — L'Assemblée veut-elle entendre immédiatement les interpellations ?

De toutes parts. — Oui ! oui !

M. le Président. — La parole est à M. Pierre Bonaparte.

M. Pierre Bonaparte. — Citoyens représentants du Peuple, je n'ai que quelques mots à dire sur la question que ce décret soulève en général, et sur ce qui me regarde en particulier, si l'Assemblée veut bien m'entendre.

En principe, je soutiens avec une profonde conviction et avec indignation, quand je pense qu'on ose soutenir le contraire *dans cette enceinte*, qu'un membre du pouvoir législatif, quelle que soit la mission temporaire qui ait pu lui être confiée, en vertu de l'article 85 de la loi électorale organique, ne peut être retenu malgré lui loin du sanctuaire national, où s'accomplit son mandat. (Mouvements divers.) Jaloux de vos droits, qui sont ceux du pays, il importe que vous fassiez intervenir à cet égard une décision souveraine qui réprime les outrecuidantes prétentions d'un gouvernement trop disposé à faire bon marché du grand caractère dont les représentants du peuple français sont revêtus. J'aurai l'honneur, dans ce but, de vous proposer un ordre du jour motivé, à la fin de la discussion.

Passant à ce qui me regarde, l'exercice du droit imprescriptible que je viens de dire m'a paru d'autant plus opportun que, dans ma conviction, nos institutions républicaines, auxquelles je suis voué corps et âme, sont sur le point de courir des dangers. (Mouvement.)

Je désire, citoyens représentants, qu'on ne se méprenne pas sur la portée de mes paroles. L'indigne manière dont j'ai été traité, l'injustice et l'ingratitude dont j'ai à me plaindre, ont pu modifier mes sentiments envers mon parent, Louis-Napoléon Bonaparte, mais non envers le président de la République. Tant qu'il saura maintenir la constitution, ou que la majorité de l'Assemblée déclarera qu'il l'a maintenue, je le soutiendrai vigoureusement, tout en conservant, bien entendu, ma liberté d'appréciation parlementaire.

Mais c'est de ses conseillers, ministres ou autres, de ses familiers surtout que je me défie. Leur persistance à éloigner tout ce qui naturellement était intéressé à l'éclat du drapeau populaire relevé le 10 décembre suffit pour justifier mes défiances. A mon cousin et collègue, Napoléon Bonaparte, comme à moi, ils ont fait donner une mission, dont ils se sont ensuite subrepticement efforcés de rendre l'accomplissement impossible.

Et si vous exigez que je vous nomme celui à qui l'on doit attribuer principalement tout ce que le président fait de déplorable, je le nommerai.

De toutes parts. — Oui! oui! Nommez!

M. Pierre Bonaparte. — Eh bien! c'est M. Fialin, *dit* de Persigny!

M. le Président. — J'arrête ici l'orateur en lui rappelant qu'aux termes de l'article 79 du règlement, les interpellations de représentant à représentant sont interdites. Il a demandé l'autorisation d'interpeller le ministre de la guerre sur un acte qu'il a déterminé, et sur lequel il demande des explications; je l'invite à se renfermer dans les termes de ses interpellations; il ne peut interpeller un représentant, le règlement est formel.

M. Pierre Bonaparte.—Je m'y renfermerai, monsieur le président; mais je prends la liberté de vous faire observer que ce n'est pas une interpellation, mais une désignation.

M. le Président. — C'est une véritable interpellation.

M. Pierre Bonaparte. — C'est une désignation.

Au point de vue militaire, et abstraction faite de ma qualité de membre de cette Assemblée, on dirait vraiment que l'acharnement des partis se plaît à dénaturer les choses les plus simples.

Du camp de Zaatcha à Philippeville il y a onze étapes. Je suis parti de Zaatcha, escortant un convoi, et avec l'ordre, que voici, du général Herbillon de me rendre à Alger. La seule partie de cet ordre que je n'ai point exécutée, c'est la traversée de Philippeville à Alger. Apparemment, elle n'offrait aucun danger, et, par conséquent, il ne pouvait y avoir aucun mérite à la faire, puisque le but de ma mission auprès du gouverneur général était rempli par l'envoi des renforts que j'avais rencontrés en marche.

D'Alger, en tout cas, je fusse revenu en France. Le général Herbillon le savait. Le président de la République et le Gouvernement savent parfaitement aussi qu'à part mon droit de représentant, que je n'ai jamais aliéné et que je n'aliénerai jamais, il était convenu, lorsque j'ai quitté Paris, que je reviendrais d'Afrique quand je le jugerais convenable, et sans qu'ils pussent y trouver à redire. (Rumeurs.)

Sans cela, il est évident que je ne serais pas parti, puisque j'aurais sacrifié l'indépendance de mon mandat, à laquelle je tiens par-dessus tout.

Je termine en demandant à M. le ministre de la guerre comment il se fait qu'à mon arrivée à Paris, lorsque, sur sa demande (car je ne m'y croyais nullement obligé), je lui ai communiqué l'ordre du général Herbillon, prescrivant mon départ de Zaatcha pour Philippeville et Alger, il avait répété à satiété que, sous le rapport militaire, les renforts étant assurés, il me trouvait parfaitement en règle? Vous m'avez dit, monsieur le ministre, que j'étais parfaitement en règle. Si je ne me trompe, l'opinion du gouverneur général de l'Algérie était exprimée d'une manière analogue dans une dépêche que M. le ministre de la guerre doit avoir entre les mains. Et comment se fait-il alors qu'il ait apposé son contre-seing à la révocation qui a paru au *Moniteur!*

Ou M. le ministre de la guerre a changé d'avis à mon égard avec une étrange soudaineté, ou il a validé une mesure qu'il savait être une injustice, une indignité, et qui, à part l'effet moral, me touche fort peu, car je ne tenais nullement à ma qualité d'officier au *titre étranger*.

Vous comprendrez, citoyens représentants, le sentiment qui m'a fait entrer dans ces développements, bien que, au point de vue du droit, ils soient tout à fait superflus.

Le principe qui domine tout le reste, c'est celui de l'indépendance de notre caractère. Il est bon, en tout cas, que les droits de ceux d'entre nous qui sont ou qui seraient, à l'avenir, envoyés en mission, soient fixés; et c'est pour cela que j'aurai l'honneur, après la discussion, de présenter à l'Assemblée un ordre du jour motivé.

M. le Président. — La parole est à M. le ministre de la guerre.

M. d'Hautpoul, ministre de la guerre. — Messieurs, l'interpellation qui m'est faite a deux caractères bien distincts; je les traiterai l'un après l'autre.

Il s'agit d'abord de savoir si un membre de cette Assemblée, qui a demandé ou accepté un mandat, soit dans l'ordre militaire, soit dans l'ordre diplomatique (ce sont ordinairement les missions qui sont le plus communément confiées aux représentants), et qui a accepté dans toute leur teneur les instructions qui lui ont été données librement, volontairement, et souvent après sollicitations, il s'agit de savoir, dis-je, si, une fois rendu à son poste, il est libre d'oublier ce même mandat, ce même engagement; s'il est juge, juge souverain, d'après la théorie de l'honorable préopinant, de l'opportunité de son retour.

Eh bien! je commence par déclarer que non. (Très bien! très bien!)

Le Gouvernement seul a été juge du mérite du mandat ; celui qui l'a accepté en est convenu par le fait seul de l'acceptation ; une fois rendu à son poste, il doit consulter ses instructions ; s'il est militaire, il doit se renfermer dans l'obéissance due à ses chefs militaires ; il n'est plus, là, représentant du Peuple. (Marques d'assentiment.)

M. Pierre Bonaparte. — Alors, pourquoi m'avez-vous trouvé en règle ?

M. le Président. — Monsieur Pierre Bonaparte, n'interrompez pas ! On vous a écouté ; laissez M. le ministre vous répondre.

M. le Ministre. — Je le répète, il n'est plus, là, le représentant du Peuple ; il est impossible de trouver une analogie entre le représentant du Peuple, ayant mission de la convention du Gouvernement, en se plaçant au-dessus de toutes les positions dans les armées, et ce qui se passe aujourd'hui. Quelques journaux ont voulu la rencontrer ; ils sont tombés dans une erreur complète. Je ne pense pas qu'il y ait ici un seul membre qui partage une pareille doctrine. (Non ! non ! — Approbation.)

Du reste, l'Assemblée législative, dans l'espèce qui nous occupe, n'avait donné aucun mandat à M. Pierre Bonaparte. Le mandat émane essentiellement du Gouvernement, de l'initiative du Pouvoir exécutif. Ainsi, laissons de côté le caractère de représentant, qui ne doit pas occuper l'Assemblée. (Très bien !)

Voilà ma réponse à la première partie de la discussion. (Marques prolongées d'approbation.)

Maintenant, en abordant les faits particuliers, que s'est-il passé ? M. Pierre Bonaparte est chef de bataillon à la Légion étrangère, au titre étranger ; et remarquez, messieurs, que ce titre n'a rien de blessant. M. Pierre Bonaparte ne peut pas être chef de bataillon à d'autre titre, car la loi de 1834, sur l'état des officiers, nous est connue ; c'est le Code militaire, un code qu'on ne peut pas enfreindre, que j'ai appelé, dans une autre circonstance, l'arche sainte. D'après cette loi, quand on n'a pas suivi la hiérarchie, quand on n'appartient pas à l'armée avec le grade de capitaine, et quand on ne remplit pas les conditions voulues pour l'avancement, conditions qui consistent dans un fait de guerre sur le champ de bataille ou dans une proposition régulière de candidature sur le tableau d'avancement, on ne peut pas devenir chef de bataillon. M. Pierre Bonaparte n'était ni dans l'une ni dans l'autre de ces conditions. On lui a conféré, c'est le Gouvernement provisoire, je crois, on lui a conféré le titre de chef de bataillon dans la Légion étrangère, à titre étranger ; lui, n'est pas étranger, mais son titre est étranger ; c'est ce qu'il faut bien distinguer. (Très bien ! très bien !) Voilà en quoi M. Pierre Bonaparte ne peut pas être blessé : il est Français et bon Français, c'est un hommage que je lui rends ; mais son titre dans la Légion étrangère est titre étranger. Il faut bien faire attention à cette distinction. (Très bien ! très bien !)

M. Pierre Bonaparte part de Paris avec une mission pour l'Algérie. Cette mission disait qu'à son arrivée à Alger il serait à la disposition du gouverneur général. Que fait le gouverneur général ? Il se rappelle le nom de Bonaparte, et il donne à M. Pierre Bonaparte le poste d'honneur, le poste le plus périlleux ; c'est là qu'un Bonaparte doit être heureux de se trouver ; c'est le meilleur de tous les postes. (Marques unanimes d'approbation.)

M. Pierre Bonaparte. — Je vous prie de croire que je n'ai pas boudé.

M. le Ministre. — Je dis cette phrase à dessein. Dans la lettre que M. Pierre Bonaparte a cru devoir publier, il s'est plaint qu'on lui avait fait une condition qui n'était pas convenable ; c'est à cela que réponds.

Je n'accuse en rien, Dieu m'en préserve, la bravoure de M. Pierre Bonaparte ; je le crois aussi brave que tous nos soldats. Mais il ne s'agit pas de cela ; il s'agit d'une expression que je crois devoir relever, et je déclare que le poste qu'on a donné à M. Pierre Bonaparte était un poste de choix, de faveur, qu'il devait en être content, puisqu'on l'envoyait à l'ennemi, et que, quand on porte son nom, on doit être enchanté de se trouver dans une pareille position. (Très bien ! très bien !)

Qu'est-il arrivé ? M. Pierre Bonaparte a reçu un commandement de son grade, on lui a donné le commandement de quatre cents hommes. Il s'est avancé en tirailleur sur l'ennemi : je ne juge pas le mérite du mouvement, s'il était plus ou moins rationnel, ceci est un fait purement militaire ; vous me permettrez de le passer sous silence. L'engagement qui eut lieu a été vif ; la ligne des tirailleurs a dû se retirer. M. Pierre Bonaparte a montré beaucoup de courage ; il a été presque appréhendé au corps par un Arabe. Il l'a tué de sa main, c'était tout naturel ; on ne devait pas attendre moins d'un homme qui porte son nom. Plus tard, un bataillon de renfort est arrivé ; l'affaire a été reprise ; chaque troupe est restée dans sa position respective.

Le lendemain, M. Pierre Bonaparte, qui la veille avait oublié qu'il était représentant, qui n'en parlait pas, le lendemain, M. Pierre Bonaparte s'en est souvenu.

M. Pierre Bonaparte. — Pas le lendemain !

M. le Ministre. — Peu importe ! je n'épilogue pas sur les

heures ou sur le jour. Bref, M. Bonaparte, quelque temps après, a trouvé qu'étant représentant du Peuple, il devait revenir dans cette enceinte. C'est fort bien ; mais il aurait dû y penser avant de partir. En ce moment, il était devant l'ennemi ; il aurait dû s'en souvenir. (Très bien ! très bien !)

Qu'il me permette de lui dire qu'à sa place, en présence de l'ennemi, j'aurais parfaitement oublié que j'étais représentant. (Très bien ! très bien !)

M. Pierre Bonaparte. — Je suis revenu pour affaire de service.

M. le Président. — N'interrompez pas ; vous répondrez !

M. le Ministre de la guerre. — M. le général Herbillon, commandant militaire de la province de Constantine et des troupes qui font le siége de Zaatcha, a donné, il est vrai, à M. Pierre Bonaparte un ordre qu'il m'a remis entre les mains. Je lui ai dit : « Cet ordre vous couvre ». C'était tout simple, et s'il ne vous avait pas couvert, savez-vous ce que j'aurais fait? Je serais venu ici ; j'aurais demandé à l'Assemblée l'autorisation de vous poursuivre ; je vous aurais fait arrêter et conduire par la gendarmerie à Constantine, et là, vous auriez été traduit devant un conseil de guerre. (Marques générales d'approbation.)

Je n'ai pas agi ainsi, parce que je ne devais pas le faire. Il ne restait aux yeux du ministre de la guerre qu'une faute, une faute grave ; c'était de ne pas avoir accompli un mandat reçu. Ce mandat était important ; il disait à M. Pierre Bonaparte d'aller à Alger ; pourquoi faire? C'était une chose à peu près inusitée qu'un officier commandant une troupe, et une troupe devant l'ennemi, en fût détaché pour aller devant le gouverneur d'Alger demander des secours. Mais enfin j'accepte cette mission tout étrange qu'elle puisse paraître. Du moins fallait-il l'accomplir. Or, que se passe-t-il?

En arrivant à Philippeville, M. Pierre Bonaparte trouve des troupes qui débarquaient. C'était une chose toute simple. En ne consultant que mon cœur de soldat, je me serais mis à la tête de ces troupes, je serais parti avec elles, et le lendemain je serais monté à l'assaut de Zaatcha. (*Très bien! très bien!*)

M. Pierre Bonaparte. — Un officier au titre étranger ne peut pas commander! D'ailleurs, il y avait des lieutenants-colonels.

M. le Ministre. — M. Pierre Bonaparte en a jugé autrement. Il arrive à Philippeville; un paquebot partait pour la France : il prend passage à bord de ce paquebot; il arrive à Marseille, puis à Paris. Arrivé à Paris, il se présente chez le ministre de la guerre. Je fus assez étonné de le voir : je connaissais son arrivée, du reste; je la connaissais par un rapport du préfet de police, et je devais la connaître, parce que, dans toute hypothèse, il m'importait beaucoup de savoir où était M. Pierre Bonaparte.

M. Bonaparte se présente chez moi. Je lui demande par quel hasard il est à Paris. Il me montre son ordre. Je lui dis : Cet ordre vous couvre par rapport à Zaatcha, par rapport à l'abandon d'un poste militaire. S'il en eût été autrement, c'eût été un déshonneur; un Bonaparte ne peut pas se déshonorer, c'est impossible.

M. Pierre Bonaparte me montre ensuite un projet de lettre contenant des doctrines que je ne pouvais pas accepter et que j'ai combattues, doctrines que vous avez entendues et qui auraient pour conséquence de mettre le Gouvernement dans l'impossibilité absolue de donner quelque mandat que ce puisse être à des membres de cette Assemblée. (Très bien!)

Nonobstant mes observations, M. Pierre Bonaparte a fait insérer dans les journaux la lettre que vous avez lue, et il l'a signée. Le Gouvernement était mis en demeure de répondre; il l'a fait par le décret que vous connaissez. (Bruit.) Je répète ma phrase. Le Gouvernement était mis en demeure de répondre à la lettre de M. Pierre Bonaparte; c'était une espèce de défi; le Gouvernement a répondu par le décret que vous avez vu.

M. Pierre Bonaparte. — Par dépit!

M. le Ministre. — Il était dans son droit, dans son droit absolu, et s'il ne l'avait pas fait, vous auriez eu grandement raison de l'en blâmer. (Très bien!)

Je ne touche pas aux questions de famille, elles ne sont pas de ma compétence.

Quant aux influences du Gouvernement, je déclare très haut que M. le président de la République n'a pour conseillers que ses ministres; nous n'en connaissons pas d'autres, nous ne subissons l'influence de qui que ce soit. (Très bien!)

Nous venons ici franchement, loyalement, vous apporter des projets de lois, les mesures que le Gouvernement croit bonnes; nous nous inspirons des votes de la majorité de cette Assemblée; nous nous conformons à ce qu'elle décide, et nous serons toujours heureux de marcher avec elle. (Approbation vive et prolongée.)

M. le Président. — La parole est à M. Pierre Bonaparte.

M. Pierre Bonaparte. — Citoyens représentants, je tiens seulement à vous soumettre mon opinion sur un point du discours de M. le ministre.

Il a dit que si je n'avais pas eu un ordre du général Herbillon m'envoyant de Philippeville à Alger, il aurait demandé à l'Assemblée nationale l'autorisation de me poursuivre devant un conseil de guerre. Mon opinion est que, si l'Assemblée avait accordé une pareille autorisation, elle aurait abdiqué son droit et ses prérogatives les plus essentielles (Murmures et dénégations); car, s'il plaisait, par exemple, à MM. les ministres d'éloigner de l'Assemblée un membre quelconque; si, par suite de promesses, de séductions, je ne sais quoi... (Nouveaux murmures.)

Un membre. — On est libre d'accepter.

M. Pierre Bonaparte. — ... Ils n'avaient qu'à l'envoyer en Algérie, au Sénégal, n'importe où, alors les membres dont la présence pourrait être incommode seraient éloignés au moins pendant six mois. (Dénégations.) Et notez bien une chose, c'est que, les six mois expirés, si le représentant n'est pas revenu à son poste, sa qualité, son caractère est perdu de droit. Je voulais seulement vous soumettre cette observation.

M. le Président. — L'incident me paraît vidé.

M. Pierre Bonaparte. — Je propose un ordre du jour motivé.

M. le Président.—Voici l'ordre du jour motivé que M. Pierre Bonaparte propose à l'Assemblée :

« Considérant que les missions ou commandements temporaires dont les représentants du Peuple peuvent être investis, conformément à l'article 85 de la loi électorale organique, ne peuvent leur enlever leur droit d'initiative parlementaire, ni l'indépendance de leur caractère législatif;

« Considérant qu'il ne peut appartenir à personne d'empêcher ou d'interdire, par quelque raison que ce soit, l'accomplissement de leur mandat,

« L'Assemblée passe à l'ordre du jour. »

M. le Ministre de la guerre. — Je demande l'ordre du jour pur et simple.

Voix nombreuses. — Non! non! — Aux voix l'ordre du jour motivé!

M. le Président. — On a demandé l'ordre du jour pur et simple. (Non! non! On n'insiste pas!)

Nombre de voix. — L'ordre du jour motivé!

M. le Président. — Je mets aux voix l'ordre du jour motivé présenté par M. Pierre Bonaparte.

(Personne ne se lève à l'épreuve; l'Assemblée presque entière se lève à la contre-épreuve.)

M. le Président. — L'Assemblée n'adopte pas l'ordre du jour motivé.

(Un grand nombre de membres viennent féliciter M. le ministre de la guerre. — La séance reste suspendue quelques instants; les représentants descendus dans l'hémicycle se livrent à des conversations animées.)

N° 11. — Extrait du compte-rendu de la séance de l'Assemblée législative du 22 décembre 1849, d'après le *Moniteur*, et Amendement de M. Pierre Bonaparte.

Discussion du projet de loi relatif à la création d'un quatrième bataillon dans le 1er régiment de la Légion étrangère, pour y

recevoir une partie des hommes de la garde nationale mobile de Paris.

M. le Président. — L'ordre du jour appelle la discussion du projet de loi relatif à la création d'un quatrième bataillon dans la Légion étrangère, pour y recevoir une partie des hommes de la garde nationale mobile de Paris.

Je dois d'abord consulter l'Assemblée sur l'urgence, qui est demandée par le Gouvernement et proposée par la commission.

(L'urgence, mise aux voix, est déclarée.)

M. le Président. — M. Pierre Bonaparte a la parole sur la discussion générale.

M. Pierre Bonaparte. — Citoyens représentants du Peuple, je m'associe de grand cœur aux intentions équitables que le projet du Gouvernement nous annonce en faveur des débris de notre jeune et héroïque garde mobile. Mais pour savoir si la position qu'on veut faire à ceux de ces jeunes soldats qui resteront sous les drapeaux est convenable, il faut examiner celle du corps où l'on propose de les faire entrer. Pour moi, je pense que nous devons nous refuser à assigner à des citoyens français (qui ont bien mérité de la patrie, qu'on ne l'oublie pas) une position qui, même pour les militaires étrangers qui nous servent, n'est pas en rapport avec la justice et la générosité de notre caractère national. Aussi, je repousse le projet, si les conditions actuelles d'existence de la Légion étrangère ne sont pas modifiées.

J'ai remarqué que bien des personnes, même appartenant à l'armée, sont loin de se faire une idée bien nette des différentes catégories militaires qui composent ce corps. Il faut avouer que cela s'explique par l'étrangeté même de ces conditions diverses;

mais si l'Assemblée le permet, je les rappellerai succinctement.

Il y a d'abord, dans la Légion étrangère, des officiers comme dans les autres régiments, c'est-à-dire français servant *au titre français*, et jouissant, par conséquent, des mêmes droits et des mêmes garanties que tous les autres officiers de l'armée.

Il y a des officiers étrangers, naturalisés civilement, ou non, et servant tous également *au titre étranger*.

Il y a des officiers français sortis du service étranger et servant au titre étranger.

Il y a enfin des officiers démissionnaires du service français, et réintégrés au titre étranger.

Lorsque les officiers étrangers ont été placés dans la Légion, en conformité de la loi du 9 mars 1831, leurs lettres de service étaient conçues comme celles des corps français. Ils croyaient donc n'être soumis qu'à la condition de ne pas servir en France. Leur erreur était bien naturelle, car les lois organiques du 11 avril 1831, 14 avril 1832, 19 mai 1834, sont muettes à leur sujet; et si l'article 3 de l'ordonnance du 3 mai 1832 les frappait (très justement au point de vue national) d'une exclusion pour le commandement, du moins leur offrait-elle la voie de la naturalisation civile, pour rentrer dans le droit commun et obtenir la naturalisation militaire.

Tel était, en effet, le sens de l'article 3 de l'ordonnance du 3 mai 1832, abrogé depuis par l'ordonnance du 18 février 1844. S'il eût pu rester quelque doute dans l'esprit des officiers de la Légion à cet égard, ce doute aurait disparu devant les explications données par le ministre de la guerre en maintes circonstances, et devant les autorisations de permutation accordées entre des officiers étrangers naturalisés servant dans la Légion et des officiers des régiments français.

J'ai eu sous les yeux :

1° Une lettre du 5 décembre 1834 (postérieure ainsi à la promulgation de la loi sur l'état des officiers), dans laquelle il est dit : « Direction du personnel et des opérations militaires... Ce n'est donc que lorsque M. de Caprez aura été naturalisé Français qu'il sera en position de demander à permuter ; mais, tant qu'il conservera la qualité d'étranger, sa réclamation à cet égard ne saurait être accueillie. *Signé :* Miot. »

2° Une liste des officiers étrangers, provenant notamment des régiments suisses, qui servent maintenant dans des corps français, et qui sont sortis de la Légion par permutation. Parmi eux figurent un lieutenant-colonel et un chef de bataillon.

Cette position n'a été changée qu'à l'organisation de la deuxième Légion étrangère, en 1837. Depuis lors les brevets des officiers au titre étranger contiennent l'annotation suivante : *Cette nomination étant faite en vertu de la loi du 9 mars 1831 ne donne pas à M. N. les droits conférés aux officiers français par la loi sur l'avancement et celle sur l'état des officiers.*

Puis est survenue l'ordonnance du 16 mars 1838, qui, par les articles 195 à 205, règle l'avancement, dans la Légion, pour les grades supérieurs. Ces articles, dans leurs dispositions favorables à l'ancienneté, ne sont pas applicables en Algérie, par suite de l'application qui est faite à l'armée de l'article 20 de la loi du 14 avril 1832.

Enfin a paru l'ordonnance du 18 février 1844, qui a, pour la première fois, décidé que la naturalisation civile n'ajoute aucun droit au commandement pour les officiers étrangers, et que les officiers français servant au titre étranger n'ont que les droits des officiers étrangers pour le commandement.

Aussi, peu à peu, les officiers étrangers se sont trouvés dans la position peu honorable et très blessante : 1° d'être révocables à volonté; 2° d'être, quel que soit leur grade, sous les ordres de l'officier français qui commande ; 3° d'être privés à jamais, à un tour d'ancienneté, de devenir officiers supérieurs. On ne leur a conservé que les bénéfices de la loi du 11 avril 1831 !

J'ajoute qu'en campagne, lorsqu'il a dû être fait application de la décision de 1844, cette décision a été violemment mise de côté par les généraux en chef de notre armée, comme nuisible au service de l'Etat et à la dignité de tous les officiers, étrangers ou non. Des officiers qui sont le type de l'honneur militaire ont obéi à un commandant de colonne au titre étranger, bien que connaissant l'incapacité dont le frappait l'ordonnance.

Quant aux officiers français sortis du service étranger, et admis avec un grade dans la Légion, leur position est prévue et définie par l'article 197 de l'ordonnance du 16 mars 1838. Il serait juste, indispensable même, d'améliorer leur sort; mais, pour éviter les abus, on est d'accord, en général, que ce mode d'admission aux emplois militaires devrait être supprimé pour l'avenir.

Restent les officiers démissionnaires du service francais et replacés au titre étranger.

Constatons d'abord que ce n'est qu'en fraude de la loi, par suite d'une fiction, que les officiers en question ont pu être placés dans la Légion. Mais peut-on exciper de cette illégalité pour repousser leurs demandes sans examen? Non, sans doute ; et leurs droits, s'ils en ont, restent intacts. Mon opinion, basée sur l'examen des lois et réglements qui régissent l'armée, me porte à défendre la position des officiers démissionnaires, et à penser que le conseil d'Etat leur serait favorable, s'ils s'adressaient à lui pour régulariser leur position actuelle.

Il semble que c'est à tort que le Gouvernement a renoncé aux prérogatives auxquelles n'avaient pas porté de restriction les lois de 1818 et de 1832; et que, notamment pour les officiers démissionnaires, c'est à tort qu'il n'a pas soutenu, avec la loi et le droit, qu'il était permis au Pouvoir exécutif de replacer ces officiers dans les rangs de l'armée française.

En effet, avant la loi du 1er avril 1848, la volonté du chef de l'Etat faisait d'un simple soldat un caporal ou un général. La loi de 1818 est la première restriction apportée à la toute-puissance du roi en fait d'avancement. C'est elle qui, en consacrant les droits de l'ancienneté, a fait participer l'armée à l'édit de 1789, portant que *tous les Français seront admissibles à tous les emplois*.

La loi du 14 avril 1832 n'a pas créé un seul principe nouveau en fait d'avancement; *elle a seulement*, disait le rapporteur devant la chambre des députés, *élargi les droits du pouvoir nouveau, en supprimant de la législation de* 1818 *les prescriptions incompatibles avec le bien du service, et provenant des défiances outrées*, disait toujours le rapporteur, *que l'on avait éprouvées contre l'ancien gouvernement*.

Il est très remarquable qu'aucune de ces deux lois, la dernière surtout, n'ait pas résolu la question de légalité concernant la réintégration des officiers démissionnaires, et que, dans les discussions auxquelles elles ont donné lieu dans le parlement, pas une voix ne se soit élevée pour provoquer à ce sujet une solution désirable.

On conçoit que la loi du 1er avril 1818 se taise à cet égard ; mais, après la controverse qui s'est élevée, à propos de cette réintégration, à la fin de 1828, il est vivement à regretter que le doute, au moins, soit encore permis.

Sous l'empire de la loi de 1818, le roi croyait avoir conservé le droit de rappeler au service les officiers démissionnaires. Il résulte de la dernière décision insérée au journal militaire officiel, premier semestre 1827, page 192, qu'il n'a jamais abandonné cette prérogative. Le gouvernement de juillet s'en est servi longtemps sans opposition ; puis il y a renoncé *de fait*, mais en soutenant son *droit* à cet égard. Le gouvernement de février a relevé des officiers soit de la retraite, soit de la réforme, soit de la démission, en consultant seulement les intérêts de la République.

Il résulte de là qu'il n'existe aucune décision législative défavorable aux officiers démissionnaires. Il est à désirer qu'elle soit rendue, car ces officiers abandonnent généralement l'armée pour suivre une carrière plus avantageuse en temps de paix, et ils ne devraient pas pouvoir reprendre leur rang, par exemple, en temps de guerre, au préjudice de leurs camarades qui ont continué à suivre les bonnes et mauvaises chances de la carrière ; mais enfin des décisions royales non rapportées existent, et elles établissent les droits des officiers démissionnaires.

Les officiers démissionnaires qui servent dans la Légion m'ont communiqué une liste de leurs camarades qui, plus heureux qu'eux, ont obtenu de la bienveillance du Gouvernement soit d'être réintégrés directement dans un régiment français, soit de permuter pour passer dans un de ces régiments, après avoir été nommés à la Légion et avant de rejoind: , soit enfin de sortir de la Légion avec un emploi dans l'état-major des places, que les officiers servant au titre français seuls peuvent obtenir.

On m'a cité, au 2e régiment de la Légion, un fait assez curieux qui prouve que la législation est encore indécise à ce sujet. Deux officiers démissionnaires se rencontrent chez le directeur du personnel, demandant du service. Le premier, plus favorisé, est envoyé dans la Légion comme officier au titre étranger. Le deuxième, moins heureux et ayant moins de services, est envoyé aussi dans la Légion, mais en qualité de sergent, sans contracter d'engagement; et, ayant été nommé sous-lieutenant, il compte aujourd'hui au titre français. Cependant, aux termes de la loi d'avancement, et surtout de l'article 24 de l'ordonnance du 16 mars 1838, ce dernier ne pouvait légalement être réintégré au titre français, même comme sous-officier. Plusieurs officiers de la Légion, jadis démissionnaires, sont ainsi redevenus officiers au titre français.

Je ne terminerai pas sans mentionner la difficulté qui croît chaque jour, de faire faire un service actif aux vieux officiers, sous-officiers et soldats qui, après avoir rendu des services dans la Légion, ont acquis des droits à une position sédentaire. Les modifications que j'ai eu l'honneur de vous proposer par l'amendement qui a été distribué hier, permettraient d'avoir de l'humanité envers ces braves. Et c'est bien peu que de ne demander pour eux que de l'humanité; car en consultant la statistique au hasard, sur *soixante* officiers polonais, par exemple, arrivés à la Légion en 1832, *cinquante-quatre* sont morts, tués à l'ennemi ou succombant aux intempéries du climat. N'est-il pas évident que la mort atteint les étrangers avant qu'ils aient rempli le temps voulu par la loi pour la retraite, et ne serait-ce pas répudier toutes nos traditions que de condamner plus longtemps à de si dures conditions ces fidèles et intrépides défenseurs de notre drapeau?

Quant à la garde nationale mobile que le Gouvernement propose d'incorporer dans la Légion, au titre étranger, si des modifications équitables sont apportées à l'état des militaires servant à ce titre, elle y trouvera un champ digne de la noble et patriotique ardeur dont, au point de vue militaire, nous avons admiré le brillant essor aux jours néfastes de juin.

Souhaitons, en tout cas, que le nouveau triage qu'indique l'article 1er du projet ne soit point arbitraire, et surtout qu'il n'ait point pour base les opinions politiques.

J'aurai l'honneur de proposer à l'Assemblée de vouloir bien renvoyer mon amendement à l'examen de la commission.

Amendement.

Articles 1, 2 et 3.

Comme au projet du Gouvernement.

Art. 4.

Nonobstant le 5e paragraphe de l'art. 20 de la loi du 14 avril 1832, l'art. 200 de l'ordonnance du 16 mars 1838 sera applicable aux officiers étrangers, naturalisés ou non.

Art. 5.

La réforme de ces officiers pourra être prononcée par le président de la République, sur la proposition du ministre de la guerre.

Le 5e paragraphe de l'art. 18 de la loi du 19 mai 1834 est applicable à la Légion étrangère.

Art. 6.

Les officiers étrangers naturalisés français seront aptes, après dix ans au moins de service dans la Légion, à être naturalisés militairement, par décision du pouvoir exécutif, rendue sur la proposition du chef de corps, faite à l'inspection générale.

La naturalisation militaire fait entrer l'officier dans le droit commun, et lui confère tous les droits de l'officier français.

L'article 5 de l'ordonnance du 5 mai 1832, modifié par celle du 18 février 1844, sera définitivement arrêté de manière que ce ne soit qu'à grade égal que les officiers étrangers naturalisés français soient sous les ordres des officiers français, et qu'ils commandent, à leur tour, ces derniers à supériorité de grade.

Art. 7.

Les officiers français sortis du service étranger, et actuellement pourvus d'un grade dans la Légion, sont déclarés aptes à être naturalisés militairement, après dix ans au moins de services effectifs.

Toutefois, l'art. 197 de l'ordonnance du 16 mars 1838 est supprimé, et aucun Français ne pourra, à l'avenir, être admis avec un grade dans la Légion, s'il ne remplit les conditions voulues par la loi, pour l'admission aux emplois et l'avancement dans les autres corps.

Art. 8.

Les officiers démissionnaires du service français, actuellement pourvus, dans la Légion, d'un grade au titre étranger, pourront :

Être réintégrés directement dans un des corps français;

Ou permuter, pour passer dans un de ces corps;

Ou sortir de la Légion avec un emploi dans l'état-major des places.

Toutefois, aucun officier démissionnaire ne pourra, à l'avenir, être réintégré, à aucun titre, dans l'armée.

N° 12. — Autre Lettre à la *Patrie*.

Paris, 5 janvier 1849.

A M. le rédacteur de la Patrie.

Monsieur le rédacteur,

Le rapport général du siége de Zaatcha a paru au *Moniteur*.

M. le général Herbillon, en parlant de l'affaire du 25 octobre, dit :

« Les assiégés firent une sortie si vive que nous laissâmes entre leurs mains une caisse et des outils, et que je dus faire venir des troupes du camp pour assurer la retraite. »

Je ne disconviens pas que ces troupes du camp soient arrivées fort à propos.

Je ne parlerai pas de mes trois pauvres capitaines, Touchet, Butet et Nyko, blessés grièvement tous trois, ni de ce que j'ai pu faire moi-même.

Mais un fait qu'il était bon de constater, c'est que l'ordre de battre en retraite, *donné par le général Herbillon*, m'a été transmis par mon colonel, et que, jusqu'à l'arrivée de cet ordre, j'ai tenu la position *sans reculer d'une semelle*.

La colonne expéditionnaire tout entière le sait.

Agréez, etc.

P.-N. BONAPARTE.

Imprimerie de Gustave GRATIOT, 11, rue de la Monnaie.

www.ingramcontent.com/pod-product-compliance
Lightning Source LLC
Chambersburg PA
CBHW051741090426
42738CB00010B/2360
* 9 7 8 2 0 1 2 7 7 5 2 8 2 *